他病了，只是你看不出來

卡瑪——編著

CONTENTS

目錄

第四章 常見心理問題

讓我們一起慢慢地探索內心世界（代序）

都說當今世界發展的速度太快了，整個社會充滿了浮躁、急功近利的心態，似乎每個人都知道這樣危害重重，但又停不下腳步。那麼如果這輛快速行駛的列車慢不下來的話，就需要另外一種力量去平衡。心理諮商在無形中卻扮演著一個重要的角色，即它是一種幫助人們慢下來的專業工作。當然承擔這個任務的不僅僅是心理諮商，其他一切關注人類精神領域的人文社會科學都責無旁貸。一邊社會經濟飛速發展，一邊個人靜下心來探尋生活的意義。一快一慢，以此達到一種平衡的生活狀態。

快是什麼呢？也許快首先意味著從啟動到停下來的時間要短，如念書的時間要短，賺到錢的時間要短，出名的時間要短。科技的發展也幫助人們縮短這樣的旅程，手機、網路使人與人之間的交往無距離；在交通發展下，一地到另一地的時間不斷縮短，也意味著越來越快；其次，快也意味著過程似乎不再重要，結果才最重要。念書時細細品味學習過程的樂趣變得無足輕重，學習只要能考試及格、拿到獎學金、保送上研究生就OK。其實人們都知道，當你坐在一輛快速行駛的列車上，車速越快，你便越無法欣賞到外面的景色。生活亦然。

然而快了之後，我們失去的不單是過程的美妙和享受，即使有錢了，有地位了，但友誼、親情、愛情等卻離自己越來越遠，又迷茫了：什麼才是自己真正想要的呢？

本人一直反對將心理學庸俗化。所謂庸俗化指的是心理學只是在幫助人們升學、找工作，成為人們達到所謂成功的工具。甚至心理諮商本身也變得非常功利，用其快速治病，用其快速賺錢。那心理學無疑成了快速生活的「幫兇」。

現代存在主義的代表人物柯克·施耐德（Kirk J.Schneider）博士講到，佛洛伊德最初創立精神分析，其核心是關注人類的生存、死亡、恐懼、焦慮，關注人性，關注人本質的意義。但是很遺憾，心理諮商與治療從一九四〇、一九五〇年代開始被越來越工具化了，過度關注技術，而忽略了這一工作的本質，即去關注人的心靈，關注人本身。他認為心理諮商與治療應回到佛洛伊德創立這一工作時的初衷。

其實我們的傳統文化是最講究平衡的，多少外國學者見到太極陰陽圖都讚嘆不已。陰陽平衡同樣可以擴展出物質與精神平衡，快與慢的平衡。就像一個人沒有平衡就會失去重心，甚至會跌倒。我們的生活也需要這種平衡的藝術。

那麼心理諮商與治療幫助人們慢下來指的是什麼呢？想來有這麼幾點可以跟大家分享：

（1）慢就是空出時間向內看自己。

（2）慢就是對自己的情緒、行為、想法給予逐步理解，理解自己在追求什麼，獲得的東西對自己又意味著何種意義。

（3）慢也意味著願意有規律、有節奏地生活。如果把慢字拆解的話，是由心、日、月、又組成。可以簡單理解為人的內心也應該像日月更替一樣有規律地運轉。這是一種規律和節奏，也可以簡稱為勞逸結合、快慢結合。除了忙，用一些時間去讀書，和家人在一起吃飯、聊天，做一些自己喜歡的事。現在有那麼多人去練瑜伽，有那麼多人喜歡度假去海邊曬太陽，去農村種菜，實為體驗慢生活的好方法。

心理諮商的工作過程本身也是慢的體現，它要一次一次諮商，每次也只有五十分鐘，除了比較傳統的精神分析會有較高的見面頻率（當然它持續的時間也最長），大多諮商都是一週才見來訪者一次。對於那些急於解決問題的朋友，這無疑顯得太慢了。為什麼不能一次就解決問題？許多求助者是帶著想一次性解決問題的想法來諮商的，但其實，許多心理困擾就與快速的生活有關。如此一來，心理諮商與治療的這種工作方式就會讓一些人受不了。所以說這種工作方式本身就具有實際的治療功能。當求助者與諮商師做好約定開始一段心理諮商時，便開啟了一段慢的心靈之旅。

本書是踏入心理諮商領域、並一直堅守這份工作的一些同行的諮商手記。說他們堅守，是因為許多抱著靠心理諮商致富、靠心理諮商出名的想法的人，發現並不那麼容易，便早早收兵。同時想透過心理諮商使當事人去除煩惱、解除症狀也並非易事，沒有多年的堅持，不用「十年磨一劍」的精神去不斷探索與實踐，也多難留在此領域。透過這些諮商手記，大家可以品味這些心理諮商師如何和來訪者一起慢慢地探索內心世界，理解自己並嘗試做出改變。

在快速發展的社會，個人一定需要一種慢來平衡，如果自己還是不能慢下來，來自理性、客觀的專業領域也許會幫上忙。在快速追求物質財富和名利的今天，心理諮商無疑是一種實踐著讓人們慢下來的專業工作。

賈曉明

第一章　經典心理治療

愛上愛情

美麗而苦澀的師生戀情

不為人知的心理根源

擁有自我的力量才能真正放手

本篇諮商師　賈曉明，人文社會科學學院教授，社會工作系主任，應用心理學研究所所長。

那一年的初秋總有雨，淅淅瀝瀝連連綿綿地下個不停，蘇茉就是在那個雨季，帶著雨季特有的黯然與陰鬱來找我，總是濕濕的頭髮濕濕的衣衫。「下雨天我不喜歡撐傘。」她微微地笑著解

釋，有一些不好意思。

蘇茉自述：這個雨怎麼還是不停啊，弄得人心情都不好。來這裏上學這麼長時間了，我還是不能適應這裡的生活，特別想家，想念高中時的老師和同學。

高中時同學之間的感情很好，畢業典禮時我們全班包括男生都哭成了一片，生離死別一樣。還有那些老師，都特別好，特別是我的國文老師，對我很照顧。大考之前的那個晚上，我不知怎麼突然感覺非常不好，覺得自己肯定會考砸了，我就去找他，以前反正一遇到什麼事情我都會去找他，他陪了我很久，一直在鼓勵我，我還哭了呢，哭完了又笑了，就這樣哭哭笑笑的，小孩子一樣，想起來真不好意思……

現在的老師同學和高中時的太不一樣了，老師講完課就完了，很少和學生有心靈上的交流，那些同學，我和他們也不會一起聊天，我們宿舍裡的女孩子，在一起就是聊哪個歌星長得帥啦、哪種牌子的衣服漂亮啦，我覺得很無聊，都大學生了怎麼還聊這些沒有深度的話題啊？我喜歡古典文學，有時候和她們說一些唐詩宋詞之類的東西，她們就特別奇怪地看著我，好像我是什麼怪物一樣。

我覺得寂寞，無處不在的寂寞，有時候看著這雨，看著樹葉落下來，我總有一種流淚的衝動，這樣子真不好，就像林黛玉。唉，好懷念從前，不知道那些老師和同學現在都怎麼樣了……

我微笑著注視著蘇茉，她眉宇間淡淡的、淡淡的憂愁令人動容。我想我是能夠理解的——一個初到異鄉求學的多愁善感的女孩子對於新環境的不適應，以及由於這種不適應而產生的孤獨與脆弱。可是，她來找我就是和我說這一些嗎？直覺告訴我不會是這樣簡單——她為什麼會將所有的情感和心思都用在懷念過去？是什麼阻礙她去積極適應現在的生活、接納現在的老師和同學？穿過語言的迷霧，她的苦惱背後一定隱藏著更深的渴望與更祕密的感受。

所以這一次的諮商，我沒有在「怎樣適應大學生活怎麼和同學相處」這個層面上和蘇茉做更多的交流，我更多的是在傾聽，在這個過程裡讓她感受到我的真誠、理解和接納，這會有利於我們之間建立一個良好的諮商關係，當這個關係建好以後，我想她會對自己也會對我敞開心扉——事實也正是如此。

蘇茉自述：賈老師，我和您說這些，您不會覺得我是那種女孩吧？您看過瓊瑤的《窗外》嗎？那位國文老師，我和您說過的，我和他，就有點像《窗外》裡的故事，您明白了吧？

我的老師，怎麼說呢？他是那種很成熟、博學、剛柔相濟的人，最重要的是我們

之間似乎有一種天生的默契，比如他在課堂上講解一首古詞，講完了他都會看看我，我用目光告訴他我是懂了還是不懂，他馬上就能心領神會，比如有時候我心情不好，他發現了，就會看著我，那種眼神，充滿了憐愛與詢問，那樣的目光真讓我依戀，也讓我單調的生活有了色彩。現在，沒有他關注的目光，大學生活再精彩對我又有什麼意義？

賈老師，您說我這樣是不是很不道德？

我總是能遇到來訪者就一件事情小心翼翼地詢問我的看法和觀點，通常我的做法是絕不用個人的價值觀和喜惡作為評判來訪者的標準。所以對蘇茉的提問，我想了想，這樣告訴她：「我理解你現在為了你和老師的感情感到焦慮和內疚，但我覺得你之所以有這樣一份情感，勢必是有你的原因的，我更希望知道這個原因是什麼。」蘇茉垂下了眼簾，似乎一時間不知從何說起。

我又問她：「那你爸爸媽媽知道這件事嗎？」

蘇茉自述：他們當然不知道，他們要知道了不知會怎樣說我！高中的時候我就住校了，很少回家。我的國文老師也住在學校裡，我們宿舍離他家很近，所以週末的時候他會讓我們這些不回家的學生去他家吃飯，他的妻子很漂亮很賢慧，做菜特別好吃。

他也是喜歡我的，我是怎麼知道的呢？因為我寫過一封信給他，表白了我對他的那些感覺，他回信給我了，只有一首古詩，叫〈節婦吟〉，您知道那首詩嗎？裡面有一句是這樣的：還君明珠雙淚垂，恨不相逢未嫁時。我能懂他的意思，一個中年男人的無奈和感傷，再也沒有什麼比這更讓人酸楚的了。那封信我一直留著，但是再不敢拿出來看，怕自己承受不了那種巨大的幸福和苦澀交織在一起的衝擊……不過我們之間，應該屬於那種柏拉圖式的精神戀愛吧，從來沒有過什麼出軌的事，連牽手都沒有過。

印象最深的有一次，我和另外三名同學代表學校去參加中學生辯論比賽，他是我們的指導老師。我一直不是一個很自信的人，每一次上場都會特別緊張，他一直在我身邊鼓勵我：「你一定可以的！」他的聲音不高，但總是有一種能讓我安定下來的力量。後來，我們真的得了冠軍，我抱著獎杯站在台上一直往下看，結果看見他站在一個角落裡，微笑地看著我，眼神裡是那種由衷的欣賞，那一瞬間我覺得特別幸福，又有一種莫名的難過……

這些回憶，真的是很美好的，現在，我會將每天晚上臨睡前的那段時間專門用來想他，細細回味我們之間的一點一滴，他的每一句話每一個眼神，心裡又甜蜜又痛苦……

我痛苦的是，我們都很清楚地知道我們是不可能的，他妻子是那麼好的人，我不可能去傷害一個無辜的人，可是我又捨不得放掉這份感情，我都覺得這是我活著的最大

的精神支柱，我不敢想像如果沒有他，我的生活會是個什麼樣子？索然無味？黯淡無光？不敢想像。

在和蘇茉的談話中，我能感覺到她是一個內心豐富而敏感、很重視精神生活的女孩子。她很重感情（她珍惜和老師之間的點點滴滴）、很有自制力（她沒有讓感情失去理智的駕馭）、很努力（她沒有讓這份感情影響自己的學習並最終考取了一所理想大學）、也很善良（她能照顧到別人的感受）——這些都是她可貴的地方，作為心理諮商師，我要能夠從蘇茉的與社會道德標準相衝突的故事裡，盡可能地發掘出她人性裡閃光的方面，從那些令人沮喪的苦惱的資訊中捕捉到正面的積極的東西，發自內心的去欣賞、信任她——這些欣賞和信任往往會產生令人驚訝的效果。

另一方面，以一位心理諮商師的經驗，我認為如果一個女孩子對年長的異性產生感情，很可能是與她的家庭或者是父親有關係。關於這一點，我沒有貿然去問蘇茉，我想我應該有耐心去等待，等到她做好足夠的心理準備，等到她內心有足夠的力量可以去碰一些敏感問題的時候，再去碰它。

記不清是第五次還是第六次的諮商中，蘇茉突然說：「我想起了我家裡的一些事情。」我立即鼓勵她：「我真高興，你終於談到你的家庭了，我感覺你的內心開始有力量和我談你的家庭了。」

蘇茉自述：我爸和我媽，都是很優秀的男人和女人，可是他們真的不應該生活在一起，反正他們在一起就要吵架，很小的事情，他們也都是誰也看不慣誰，也能吵起來。吵完之後就是冷戰，有時候真是挺佩服他們的，一個比一個能撐——印象中最長的一次，他們有整整半年誰也不理誰，遇到實在需要溝通的事情，寧肯寫字條，也不肯主動說話。我在這樣一個家裡，從小就聽見我爸和我說：「茉兒，要不是為了你，我早和你媽離婚了。」聽見我媽和我說：「茉兒，媽媽都是為了你，要不誰還跟他過呀！」所以我從小就覺得自己是個多餘的人，是個不可愛的人，是個罪人——如果沒有我，他們也許會找到各自想要的快樂和幸福吧？

在我八歲的時候，我爸就作為公司的常駐代表去了外地，很少回家，當然他會寄衣服和玩具給我，也給寄錢我，在物質生活上，他是個稱職的父親，但就是沒有那種父女之間的親暱。前兩天我去逛商場，看見有女兒抱著父親的手臂，撒嬌說：「爸爸，我想買這個。」我就站在那裡邁不動腳，癡癡地看，羨慕得不得了——我和我爸從來沒有過這樣的時刻。

我媽獨自帶著我生活，和一個寡婦差不多，心情自然好不到哪裡去，心情不好就要向我抱怨，說我爸如何如何不好，我聽著也很煩，有時候忍不住反駁幾句，她就很傷心，因為她總是覺得自己這樣委曲求全是為了我，結果我還不幫她說話，唉，反正在那個家裡我是一無是處，裡外不是人。

我挺羨慕我高中那些同學的，也許家裡不是很有錢，但是家庭氣氛特別好，有一次我去一位同學家裡玩，是晚上，昏黃的燈光下，他們一家人在有說有笑其樂融融地吃飯，我當時眼淚就下來了，那種感覺太溫馨了，說實話我真羨慕她啊——如果我能有一個這樣的家，讓我少活十年我都願意……

來自家庭的關愛、接納和肯定，是每一個人快樂和信心的源泉，蘇茉在她的家庭裡一直得不到這些，因為缺乏，所以看重，所以渴求，所以當她在國文老師的身上得到這些時，她以最快的速度陷了進去，再也捨不得出來了——這一些，我沒有和蘇茉說。我只透過我的語氣、眼神和表情向她傳遞一個資訊：你有能力處理好這些事情，你沒問題！並且將我發現的她的優點及時告訴她，我相信當她內心真正成長、成熟起來，真正擁有了屬於自己的信心和力量時，她會反思自己和老師的關係，會認清自己要走的路。

後來的一天，蘇茉來找我，一見我就說：「我打電話給他了，一切OVER！」她的臉上，有一種如釋重負的輕鬆和平靜。從頭至尾，我沒有說過任何一句她應該和老師分手的話，但是如今她自己作出了這樣的抉擇——放下這份感情。這種「放下」並不是迫於社會道德壓力下的忍痛割愛，而是她真正從內心「放下」了，解脫了。「我突然明白，其實我愛的並不是那位老師，而是愛上了愛情本身，愛上愛情所帶給我的那種被愛、被呵護、被欣賞的感覺，因為這些是我一直得不到的。我想今後我最重要的功課是要學會去愛自己，去欣賞自己——擁有了自己，也就擁有了世界，是嗎？」蘇茉問，我微笑著點頭，心裡由衷地感嘆——多麼聰明的女孩！

生活將一如既往，生活不會為誰而改變。就像蘇茉，她在今後的生活中依然要面對父母的不和，依然要面對很多事業和情感上的考驗，可是沒關係——當她找到了自我的力量，她就能夠面對這些問題，再不會感到無助和絕望。

很久以後，有一次在校園裡，我看見蘇茉穿著一件白色的裙子騎著自行車，和一大幫同學說笑而過，她沒有看見我，而我，卻忍不住回頭注視她裙角輕揚的背影，那個初秋踏雨而來總是濕著頭髮的女孩再次浮現在我眼前，我的心裡，有一陣溫暖的潮水湧過……那個時候，校園的喇叭裡正飄來一首歌：「……走吧，走吧，人總要學著自己長大；走吧，走吧，人生難免經歷苦痛掙扎；走吧走吧，為自己的心找一個家……」

知識連結：什麼是心理諮商

心理諮商就是由專業人員心理諮商師運用心理學以及相關知識，遵循心理學原則，透過各種技術和方法，幫助求助者解決心理問題的過程。

一、可以透過心理諮商解決的問題

心理危機：當你遇到沉重的心理創傷和打擊時，可進行心理諮商。

生活問題諮商：戀愛、婚姻、家庭及性問題，升學和就業的選擇，適應不良，學習困難，兒童行為不良，人際關係，等等。

心理疾病諮商：許多軀體疾病，如高血壓、心臟病、腫瘤等，其疾病的發生、發展與轉移均與心理社會因素有一定關係，醫學上稱為心身症（Psychosomatic Disorder）。情緒的困擾、緊張、壓抑，不僅可以導致心身症，還可以使疾病惡化，當心身症來訪者陷入情緒困境時，要及時進行心理諮商，從而解除心理壓力，以防止軀體疾病加劇。

精神障礙諮商：如患神經衰弱、人格改變及其他精神障礙者，可就有關藥物治療、社會功康復、婚姻與生育等問題徵求心理醫生的意見。

二、如何選擇一位適合自己的心理諮商師

選擇一位合適的心理諮商師，可以根據以下三點。第一點也是最重要的一點，就是諮商師必須具備健康的人格。健康人格對來訪者的影響，是心理治療能夠奏效的根本原因。人格是難以客觀評價的，主要是憑主觀體驗，這種體驗就是在與諮商師初步接觸之後，產生了信任和喜歡的感覺。需要說明的是，即使這個諮商師的人格是基本健康的，也不見得適合所有來訪者。研究表明，並不是一個心理諮商師能夠適合所有類型的來訪者，只有諮商師與來訪者的人格比較匹配的，才能產生比較理想的治療效果。因而，那些在初次見面時容易使來訪者產生好感的諮商師，可能對這個特定的患者更有幫助。

第二點就是諮商師的理論水準。這可以從其所受的教育、所獲得的學位、所受的訓練以及諮商過程中對於心理問題的解釋，得到大致的了解。

第三點則是諮商技術。諮商技術包括傾聽技術、解析技術、修通技術（working through）等。對於技術水準的了解，可以透過諮商師工作經歷的長短、治療過程中對於節奏的把握、關鍵點的切入能力、核心情結的深入透徹理解力，來逐漸進行。

此外，還可以透過學術界或心理諮商的同行，了解諮商師的背景和能力，作為選擇心理諮商

師的參與。

整體來說，那些看起來和藹可親、善解人意、令人信任和喜歡、有醫學或心理背景、學歷較高、接受過專業訓練、有長期豐富的心理諮商經驗、閱歷比較豐富、得到社會認可的心理諮商師，可能是比較適合的。當然最終是否適合，還要靠來訪者自己在心理諮商的過程中去實際感受。

三、來訪者需要做的準備工作

為了配合心理諮商師做心理治療，來訪者必須做好一下準備。

第一個必要準備，必須為治療留出固定的時間，這對於成功的心理治療非常重要，因為，在一定時間內，施加恆定的治療和心理影響本身就是心理治療奏效的基本因素，時間保證不了，治療就無從談起。三天打魚，兩天晒網，或者治療時間總是改來改去的治療是很難奏效的。這是一種對於治療和改變的阻抗。通常心理治療的頻率在每週一至五小時，個別甚至可以達到十小時。整體療程，根據療法不同，時間長短不一，有的需要幾百個小時，有的需要幾個月，有的需要幾年，個別嚴重的，甚至需要終生諮商。所以，決定治療前，必須做好時間安排。

第二個必要準備，就是做好經濟上的準備。心理治療費通常是比較昂貴的，大約在每小時八百～兩千元，平均每月的治療費用在四千～一萬元。而且，大部分治療都難以在短時間內奏效，所以心理治療的總費用大約在五萬元至二十萬元。在進行治療前，必須對此有充分準備，量力而行。

第三個準備也是最重要的準備，就是必須準備好承受治療和改變過程中的痛苦。無論是什麼療法，在治療過程中，來訪者都必須承受一些焦慮和痛苦，都必須面對、接受、承受自己內心的衝突，這時任何心理療法都無法避免的，它相當於外科手術中不可避免的疼痛和失血。這些痛苦在治療的一定階段，甚至會超過心理問題本身給來訪者帶來的痛苦。可以說，「小痛小悟，大痛大悟，無痛不悟」，沒有痛苦的心理治療，只能算做止痛針和麻醉劑，真正的治療並沒有進行；伴隨痛苦和改變的心理治療，才是真正的心理治療。沒有勇氣承受痛苦的來訪者，是無法從真正的心理治療中獲益的。

你不再是孩子

他備受「窺視症」的困擾

他用兒童的方式來滿足自己作為成年人的性慾
他一步步走出病態的陰影

本篇諮商師　張堅學先生，為醫院精神科主任。

見到紀浪本人之前，我曾經接到過他母親的電話。

電話紀錄：張醫師，我到現在還是想不通，怎麼樣也想不通，我兒子怎麼成了色狼了？這個孩子是我一手帶大的，他是個什麼樣的孩子我比誰都了解，他平時和女孩子說話都臉紅，看見電視裡那些強姦犯能氣得拍桌子，他怎麼會去偷看女孩子洗澡呢？我真是想不通。

那一次他們學校裡的老師找我談話，說他偷看女生洗澡，我根本就不相信，說他們肯定是弄錯人了。我說你們去打聽打聽，街坊鄰居老師同學，沒有哪個不誇他的，從小學到大學，老師給他的評語總少不了「品學兼優」四個字，不知多少人對我說過，有這麼一個乖巧的兒子真是福氣。所以說他偷看女生洗澡我根本就不相信。

直到這一次，他在商場裡偷看別人被打了，頭上被打了一個洞，在醫院裡住了半個月，我才真的有些擔心了，在醫院裡的那些天我和誰都不來往，丟不起那個臉，太丟臉了，我家祖宗八輩沒出過這樣的事。他出院回家的那天我問他有沒有這回事，他哭著承認了，我當時那個心啊，說不清是什麼滋味，想打他又捨不得，不打吧，真是恨得牙癢癢，我對他說：你去死吧，我陪你一起死！沒想到他說：我早就想死了！說著抓起桌上的水果刀對著自己的手腕就是一刀！嚇得我差點暈過去，趕緊找鄰居來幫忙送他去醫院。

後來還是這個鄰居告訴我，說這是一種病，得去醫院治。說實話我寧願我兒子是個病人，也不願他是個色狼，為了他出了這麼個事，家裡鬧得雞飛狗跳，就差家破人亡了。

張醫師，聽說我們醫院對這種病挺有研究的，你說我兒子是不是有病？你給我一句話，傾家蕩產我都幫他治，我就這麼一個兒子……

紀浪母親的焦慮與急切溢於言表。作為醫師，我能夠理解性慾倒錯病人及其家屬所承受的痛苦和壓力，他們常常被認為是特質低劣道德敗壞，被視作「色狼」遭人唾棄。但根據我的臨床經驗，性慾倒錯行為和個人的特質道德是沒有什麼關係的，相反，正如紀浪母親所說，許多性慾倒錯病人在平時的生活中給人的印象都是「好人」、「君子」，他們性格內向、為人忠厚、作風嚴肅、工作認真負責。

性慾倒錯包括露陰癖、窺視症、觸磨症、戀物症等等，紀浪極有可能是一位「窺視症」病人，也有人將之稱為「窺淫癖」，但我們認為這種叫法並不確切，因為「癖」意味著「習慣」，而事實上這是一種病症。當然紀浪的真實情況究竟怎樣，還得透過和他的正面接觸才能確診。

這個電話之後的第三天，紀浪來找我。他文質彬彬的樣子，戴著眼鏡穿著格子襯衫牛仔褲，和我們印象中的大學生沒有什麼兩樣，只是他手腕上包著的白紗布，讓人看了有些心驚，也提醒我，眼前這個靦腆拘謹的男孩子，有著一些不同尋常的經歷。

紀浪自述：昨天我媽媽和我說，這是一種病，我很高興，這兩年來少有的高興，因為既然這是病，就意味著有治好的希望是不是？

說實話，我自己都認為自己是個無藥可救的大色狼了，我不知道我怎麼會變成這樣，但我清楚如果再這樣下去，這輩子全完了，名聲、前途全完了，我活著已經沒有任何意義了，對別人是禍害，對家人是恥辱，其實我一直都有自殺的念頭，我死了，對自己對所有的人都是解脫。

事情的發生一點預兆都沒有。那段日子我很鬱悶，因為我對自己所學的會計毫無興趣，甚至是很厭惡，一拿起書來就頭痛，而且我認為會計這個系所的就業前景也是不妙的。那時候我特別迷戀電腦，覺得這才是真正適合我的職業，所以我很想轉系，但學校方面的答覆是不可能，我很沮喪，覺得自己這輩子都沒什麼希望了。那一天是週末，我回家了，夜裡躺在床上怎麼也睡不著，就起身去了陽台，看見對面樓上有一扇窗子還亮著，裡面隱隱約約有個女人在走動，我突然產生了偷窺的念頭，這個念頭一冒出來就怎麼也壓不下去了。我既緊張又興奮，悄悄跑回房間拿出了望遠鏡，對準了那個亮著燈的窗口，我看見那個女人只穿著胸罩和內褲，後來她將內衣也脫了，站在鏡子前端詳著自己的身體，我什麼都看得清清楚楚的，心裡有一種模糊的甜蜜和強烈的快感，陰莖勃起，本來心裡積壓的鬱悶全沒了……直到那個女人關燈睡覺，我才回到床上。

這是我的第一次偷窺經歷，事後覺得非常糟糕，但第二天上課我什麼也聽不進去，滿腦子都是那個女人的身體，到了晚上我又回家了，還騙我媽說宿舍裡太吵我睡眠不好，想在家裡睡，我媽也沒懷疑。那天夜裡我又拿著望遠鏡去陽台了，發現那個女人家裡多了一個四十多歲的男人，他們在一起接吻，那個男的還用手摸那個女人的胸部和下體，然後他們做愛了，我看著覺得特別刺激、非常爽，好像那個男的就是我似的……但是第二天我又覺得挺後悔的，覺得這是色狼才幹的事，可是我無法控制自己。那以後我沒事就回家過夜，有好幾次那個女的也往我這邊看，我覺得她看見我了，可是她裝作沒看見，照樣脫衣服，我心裡就想說不定她喜歡被我看呢。

慢慢地，我對女人的身體特別是隱密部位越來越有興趣，買了許多裸體畫冊回來看，想方設法找機會偷窺。

我注意到我們學校的女生浴室上有一個氣窗，緊靠著學校的圍牆，我常常在晚上騎在圍牆上透過氣窗往裡看，後來被一個路過的女同學發現了，我被當場抓住，當時我腦子裡一片空白，恨不得當時就死了才好，這件事好多人都知道了，同學們都疏遠了我，在我背後指指點點的，其實我自尊心蠻強的，那種日子對我真是一種煎熬。我心裡暗暗發誓再也不能這樣了，可是當偷窺的衝動襲來時，我又控制不住自己，我不敢再去學校的女生浴室，就去許多商場，我帶著一面小鏡子，站在穿裙子女人的身邊，蹲下身子裝作繫鞋帶或是試鞋子，將鏡子放在女人的兩腳之間……這樣也被發現過好幾次，有些女人發現了也沒說什麼就走開了，我就認為她們願意被我看，但是有一次被打傷了，頭上打了一個洞……

我陷入了一個怪想法：每次心裡湧起偷窺的衝動時，理性都拚命地在約束自己，有時候簡直是坐立不安，憋得直出汗，但最終還是衝動戰勝了理性，我又去偷窺了，窺看的過程中我覺得很高興很滿足，但過後又特別自責，好幾天都情緒低落精神恍忽，無法面對自己和別人，直到再次湧起偷窺的衝動……就這樣周而復始停不下來。我真恨我自己，我無法原諒自己……

紀浪的敘述表明他的確是一位「窺視症」病人。對於性慾倒錯病人的治療，我們通常採用認知行為治療（Cognitive Behavioral Therapy）。治療分兩步進行。

第一步，我要幫助紀浪意識到自己的這種偷窺行為的幼稚性。我給他舉了個例子：「每個人都有食慾，假設你現在是一個剛滿週歲的孩子，你餓了，抱著奶瓶就喝了起來，別人看見會怎麼想？」紀浪回答：「這很正常呀！」「對，」我接著舉例：「假設你現在三十歲了，你餓了，還抱著奶瓶喝，別人還會認為你正常嗎？別人會認為你有病！同樣，每個人都有性慾，小孩子也不例外，小孩子滿足性慾的方式可能就是看看異性的身體，或者是相互之間摸摸生殖器之類，但你現在已經二十一歲了，還用看異性的身體來滿足自己的性慾就是太幼稚了，而且也是社會所不允許的，別人會認為你是『色狼』，你會受到干預和處罰，因為你已經不再是孩子了。」在初步的治療過程中，我反覆舉此類例子，讓紀浪明白自己的偷窺行為實際上是在用兒童的方式方法來滿足自己作為成年人的性慾，而正常的、成熟的性慾滿足方式是以性交為最高形式、以生殖為最終目的的，從而幫助他在性心理上從兒童逐步成長為成年人。我進一步啟發他：「通常性慾倒錯行為都和病人幼年時期的性經歷有關，你回憶一下，你小時候有沒有過類似的行為？」

紀浪自述：你這麼一說，我還真想起來了。好像是六七歲的時候，那時候我們家還住在一個大雜院裡，鄰居家的兒子和兒媳婦回來探親，那個女的長得挺漂亮的。晚上我出來上廁所，透過窗戶看見那個女人在洗澡，我很好奇，就貼著牆根跑到窗戶底下趴著看，當時特別興奮，覺得很神祕很好玩，那幾天連續幾個晚上我都這樣偷看，後來他們走了，我也就沒再看了，漸漸地都忘記這件事了。大概八九歲的時候還有過這麼一次，是去同學家叫他一起去上學，他父母房間的門虛掩著，我無意間看見他父母光著身子抱在一起，當時感覺也很興奮，後來我有意無意又去過幾次同學家，想再看看，但都沒有碰見，不過這事我也忘了。

性慾倒錯病人兒童時期的性經歷，伴隨有較強烈快樂感，成年後雖然遺忘，但這種快感依然潛伏在當事人的潛意識當中，當當事人在現實生活中遭遇困難和挫折超過了自身的應變能力時，便退到幼年性經歷狀態，以幼年性取樂的方式滿足自己的性慾，暫時緩解自己的心理困難。我對紀浪說：「想想你六七歲的時候就用這種偷窺行為來滿足自己，現在你已經二十一歲了，還用這種行為來滿足自己，是不是很可笑很荒唐？」

紀浪和我很配合，悟性也很高，大概只有三次心理治療之後，他就領悟到這種偷窺行為在成年的他身上出現的確是幼稚、愚蠢、可笑的，用他自己的話說是「很無聊，太傻了」。一旦領悟到這個道理，他的症狀自然而然就減輕了，第四次他來治療的時候，自稱已經好了80％，再經過商場、女浴室、女廁所之類的場所時，雖然還時不時有偷窺的念頭，但都沒有實施。

治療的第二步是針對紀浪認為「女人願意被我看喜歡被我看」的心理來進行。我對他說：「你認為別人喜歡被你看，那都是你自己的推測和猜想，比如你偷窺你們家對面樓上的女子，你說她看見你了還脫衣服，事實上她從亮處看你所在的暗處，根本什麼就看不見。其實女性對你這種行為是深惡痛絕的，你要是不相信，你可以去調查。」我給紀浪留了「課後作業」，讓他在網上做一個調查，問題是：如果你是一位女性，如果某一天你在上廁所、洗澡、換衣服、和異性親熱時，發現有人在偷窺你，你會是什麼感覺？下一次治療時，紀浪一見我就不好意思地笑了：「看來我還真是錯了，網上有人罵『不要臉』，還有人說『這種人最好閹割了』，但沒有一個說喜歡的。」

大約在進行了七次心理治療以後，我有意讓紀浪在女性出入的場所附近閒逛，他告訴我他的

心裡「已很平靜」，「沒有衝動」。

當然並不是對每一位性慾倒錯病人的治療都能像對紀浪的治療這樣順利。其中最主要的障礙是病人對治療不積極——雖然他意識到自己的行為是幼稚的，但是內心又捨不得放棄這種行為給他帶來的快感，他能從這種行為中得到好處，又沒有受到懲罰，自然不會主動、積極地求治。所以我們認為，對於性慾倒錯病人來說，懲罰對於糾正他們的性慾倒錯行為是無效的，然而卻是必要的，只有受到了嚴厲的懲罰，才能使他們下定決心和醫生合作，接受心理治療。

我和紀浪一直保持著書信的聯繫，他大學畢業後最終改行成了一名軟體工程師，並且再也沒有過偷窺行為。五年之後，紀浪給我的信中有一張照片，照片上的他英俊挺拔、笑容燦爛，身邊依偎著一個很漂亮的女孩，他說那是他新婚的妻子，他現在很幸福。

知識連結：認知行為治療

認知行為治療是透過解釋使患者改變認識、得到領悟，使症狀得以減輕或消失，從而達到治病目的的一種心理治療方法。

適用認知治療的例如恐懼症，某些類型的性心理障礙，如露陰癖、窺視症、觸磨症等。就治療效果來看，最佳適應是露陰癖等性心理障礙，其次是恐人症和強迫症。

認知行為治療和其他心理療法在臨床實踐中的主要區別在於：不論病人的臨床表現如何、病程長短，一般治療十次左右就可以使病情明顯好轉，甚至消失。其治療的關鍵在於分析症狀的幼稚性，病人如能真正理解並接受治療者的解釋，就可使病情減輕。

認識認知治療的具體治療過程和步驟為：

一、採取治療者和病人直接會面交談的方式。

二、初次見面時，讓病人和家屬報告症狀、既往病史和治療情況。

三、初次會見時如果時間允許，可以直接告訴病人他的病態情緒和行為與年幼時的經歷是有密切關係的，現在雖然已經是成年人了，在生理年齡和智力年齡方面已經比兒童期成熟了很多，但心理年齡仍處於非常幼稚的階段，還在兒童的思維方式和行為來面對成年人的問題。

四、在以後的會見中，可以詢問病人的生活史和容易憶起的有關經歷，但不要求勉強回憶「不記事年齡」時期的經歷。對於病人的夢可以偶爾涉及。可以用較多時間和病人討論

症狀的性質，啟發他們認識到這些症狀的幼稚可笑性，幫助他們從成人的角度重新看待自己的問題。

考試可否輕鬆面對

成績優異卻大考落榜
都是焦慮惹的禍
系統減敏療法讓考試變輕鬆

本篇諮商師　李林英女士為人文學院副教授，碩士班指導老師，心理諮商中心督導。

「是您嗎李老師？告訴您一個好消息，我剛剛查到了自己的成績，考得不錯！估計上國立大學是沒問題的了……」夏日午後，史敏愉悅的聲音從電話線裡傳來，讓我猶如喝了一杯冰鎮紅茶，沁入心脾的清涼。

史敏是在重讀高三的下學期來找我的。記得那一天坐在我面前的她，也許是肩上沉重的雙肩書包的緣故吧，一直彎著腰，緊鎖著眉頭，撅著嘴，一副心事重重的樣子。

史敏自述：有時候想想真是覺得自己挺倒霉的，其實我這是第二次讀高三了，如果發揮正常的話，我去年就可以坐在大學教室裡了。我落榜，並不是我學習能力不好，記得那時候我的學習成績在全年級也是數一數二的，所有人都對我寄予了極高的期望，老師們私底下都說：如果我們學校今年有人考上臺大，那最有把握的就是史敏！結果我讓所有人大跌眼鏡——別說臺大了，連一個中字輩都沒摸到！

是什麼原因呢？原因就是我緊張，考試前兩個月我就開始緊張了，雖然我也在努力調整自己的心態，不停告訴自己：我有實力，我有信心，即使今年考不上，明年還可以再考……但是沒有用。我緊張到什麼程度呢？反正從拿到考試卷的那一刻，我的心就狂跳不止，手抖得抓不住筆，全身冒冷汗，眼睛發黑，看不清題目……這種情況大概持續了二十多分鐘，我拚命想讓自己平靜下來，等到好不容易能看清題目了，卻不知道題目說的是什麼意思——腦子裡空白一片。說出來別人都不相信，我當時緊張得幾乎身體完全失控，身體發軟，腿發軟，差點從座位上滑到地板上去……

接連幾天的考試都是這樣，結果可想而知。最可恨的是事後我看到試卷，上面的題目我全都會啊！拿到成績以後，我躲在家裡整整一個多月沒有出門，我恨我自己！如果我沒有那個考大學的實力也就算了，可是我是有實力的啊！

我成了重考生，心理壓力更大了，因為我們家經濟不富裕，父母供我讀書很不容易，雖然老師和父母都沒有責備我，還一直安慰我，但這絲毫不能減輕我心裡的壓力。特別是進入這學期以來，考試遙遙在望，時間一天一天飛過去，我越來越緊張、擔心，到了寢食難安的地步，這種狀態和參加第一次大考時幾乎一模一樣，我真的很害怕，害怕噩夢重演，說實話我的家人和我都經不起再一次打擊了……

很顯然，史敏存在著很嚴重的「考試焦慮」。我首先表揚她：「你能夠意識到自己的這種問題，並且能主動尋求心理醫生的幫助，實在是非常難得的。」其次我告訴她：「『考試焦慮』是可以解決的，不過我們可能要花一些時間。」

針對史敏的情況，我認為使用行為療法中的系統減敏療法（Systematic Desensitization）對她在短期內改善這種焦慮會取得不錯的效果。系統減敏療法是由誕生於南非的精神病學家沃爾普（Joseph Wolpe）創立並發展的。這種方法主要是誘導求治者緩慢地暴露出導致焦慮的情境，並透過心理的放鬆狀態來對抗這種焦慮情緒，從而達到消除焦慮的目的。具體做法是：從能引起求治者較低程度的焦慮反應的刺激開始進行治療，一旦這個刺激不會再引起求治者的焦慮反應時，心理醫生便可向處於放鬆狀態的求治者呈現比前一刺激略強一點的刺激，如果一個刺激所引起的焦慮在求治者所能承受的範圍之內，經過多次反覆的呈現，求治者便不再對該刺激感到焦慮，治療目的也就達到了。

我向史敏詳細介紹了什麼是「考試焦慮」什麼是「行為療法」什麼是「系統減敏療法」以及治療要花多少時間，她很快和我達成了初步的共識。可以說，讓求治者建立起對心理醫生的信任感和認同感，是心理治療能否取得效果的關鍵環節。

治療的初步階段，是對史敏的考試焦慮程度做一個評估，我讓她回憶一下自己參加第一次大考時的情況，然後按照零到十的不同等級，在紙上寫下自己對考試的焦慮逐漸加強的過程。史敏寫的是——零級：剛升入高中，還有三年才大考呢，老師和同學都不太提大考的事，感覺很放鬆，學習和生活都不受影響；一級：升入高三了，大考被越來越多的提及，都說這是決定命運的一年，我都不敢往這方面想，只要一想到大考，心裡就沉甸甸的；二級：離大考還有兩個月的時間，我成了家裡的「重點保護對象」，吃的用的都先給我，老師也經常給我們敲「警鐘」，同學之間幾乎沒有交往了，大家都在拚命學習，班裡的氣氛沉悶又緊張，我感到了無處不在的壓力，感到無法承受的孤獨和無助，常常莫名其妙的想哭；三級：考試一天天臨近，教室後面的黑板上用大大的粉筆字寫著離大考還有多少多少天，我開始吃飯不香，覺睡不好，學習的注意力不集中；四級：考試前一天晚上，我翻來覆去睡不著覺，心裡非常著急，可是越著急越睡不好，幾乎是整夜未眠，早晨起來腦子沉沉的，吃什麼都沒有胃口；五級：因為家離考場不遠，我決定不騎車，結果那段路我不知自己是怎麼走過去的，好像腿已經不是我的了；六級：等待入場，同學和我說話，我看著她，卻不知道她和我說什麼，整個人感覺在夢遊；七級：坐進考場，覺得渾身不自在，心裡很慌；八級：監考老師進來了，站在講台上整理卷子，教室裡安靜得像只有我一個人一樣，我能聽見自己的呼吸和心跳聲；九級：我拿到了卷子，渾身冷汗淋漓，眼裡模糊一片；十級：我大概看了一下卷子，發現好多題目都是我不會的，我完了，快崩潰了，有一種想上廁所的感覺……

治療的第二步，是幫助史敏進行放鬆訓練，讓她學會用放鬆的體驗去抵抗焦慮的體驗。我分別採用了「肌肉放鬆」和「想像放鬆」兩種方法。「肌肉放鬆」是讓史敏找一個自己感覺最舒服的姿勢坐好，調整呼吸，閉上眼睛，然後我給她一些言語提示：「現在請你握緊拳頭，用力握，用力握，一直握到不能再緊為止，好，在這種狀態下堅持一下，堅持，堅持……好，慢慢鬆開拳頭，仔細體驗這種「緊」和「鬆」之間的不同……現在呢，分別針對頭部、肩部、腰部、腹部、臀部、腿部、腳部等部位放鬆，好好體驗並記住這種放鬆的感覺……」這種訓練的目的是讓史敏體驗「緊」和「鬆」的區別，她體會到「緊」的張力，才更能感受「鬆」的舒服。

至於「想像放鬆」，在訓練之前我和史敏做了一次交流，我問她：「在平時的生活中，哪種情境是你最感到放鬆的？」她想了想，說：「記得升高中的那個暑假，我和幾個同學去海邊玩，那天天氣特別好，不冷不熱，人也不是很多，我躺在沙灘上，聽著海浪一下一下拍打著巖石，海風吹過來，那種感覺特別舒服。現在每每想起那天的情景，我還是感到很舒暢。」「那好，」我說，「你就閉上眼睛回想那天的情景，想像得越清晰、感受越深刻越好……」

這兩種放鬆的方法，我讓史敏回家以後也要交替反覆練習，一直練到她不再需要過程、而可以隨時隨地將「放鬆」的感覺調出來，達到「我想放鬆就立刻可以放鬆」的效果。

這樣，我們就可以進入治療的最後一個階段——系統減敏治療。我讓史敏坐在椅子上，全身放鬆，然後我根據她對自己考試焦慮等級的評估，從一級開始做生動逼真的口頭描述，要求她跟著我的描述去想像、體驗——「今天是開學的日子，高三了，決定命運的一年。早晨的餐桌上，母親一直敦促你多喝些牛奶，父親則在一旁笑著說：『高三了，要更努力呀，讀了十幾年的書，收成就看今年了！』你能夠感受到父親看似輕鬆的話語背後隱藏的殷切期望，還有誰比你更了解父母的苦心？到了學校，同學之間經過一個暑假的分離，相見時說得最多的不是暑假間的見聞，而是：『高三啦，鬼門關呀！』校園裡的氣氛似乎也被這句話渲染得和以往有了些不同。上午第一堂課是班會，班導師語重心長地說：『同學們，這一年對於你們是關鍵的一年，我們沒有多少時間了，從現在開始，大家都要進入臨戰狀態，以一個戰場上的士兵的標準來要求自己……』」描述到這裡，我問史敏：「你想像到這種情景了嗎？如果想像到了，就點一下右手的食指向我示意，如果沒有，就用食指和拇指劃一個圈……」這時候我讓史敏使用手勢而不是語言，是為了不破壞她想像中的情境和感受。如果她表示已經想像到了，我就接著說：「那你要堅持，忍耐一下，堅持，堅持，再堅持……現在，你把以前我們練習過的那種放鬆的感覺調動出來，努力體驗這種放鬆的感覺，如果體驗到了就堅持一下，你體驗到那種放鬆的感覺了嗎？用手指示意我一下好嗎……」如果這時候史敏體驗到了放鬆的感覺，那麼這個過程就可以結束，如果沒有體驗到，我得繼續幫助她達到放鬆狀態為止。這一個過程結束以後，我會讓史敏喝水休息一下，然後再重複這個過程，這樣一遍一遍重複，一直訓練到她能很快地消除焦慮或者是對一級焦慮的情境已沒有多少焦慮的反應，然後再用同樣的方法練習克服二級焦慮，這樣逐級克服，一直到十級。我給史敏留了「課後作業」，讓她回家以後也做這種訓練，不斷地鞏固已取得的效果。

當然在這個過程中會有一些曲折。比如史敏在我向她描述焦慮等級比較高的情境時，會產生逃避的念頭，她會說：「我不想體驗這種感覺，太可怕了！」或者是她進入這種情境後，立即就想抽身出來。這時候我就得鼓勵她：「你可以的！我相信你！堅持一下，治療過程都是會有起伏的，你將最難受的那段挺過去了以後，這種難受的程度就會慢慢減弱了！」又比如有時候由於治療進度或其它因素的影響，史敏的焦慮情況會出現反覆，這時候就得降級重新訓練，一直到她對某一等級的焦慮情境已經完全適應，再進行更強一級的訓練。

大概進行了約十二次心理治療以後，史敏也到大考了。考完第一場考試的那天，她打電話告訴我：「李老師，我今天狀態不錯！一開始稍稍有些緊張，但很快就調整過來了，下面的考試我更有信心了！」果然，史敏在這次大考中取得了好成績。

「李老師，真的要感謝您啊，我以後的人生中還會遇到無數次考試的，但我想自己肯定能夠輕鬆面對、應付自如了！」電話裡史敏的笑聲清脆如鈴，我將臉轉向窗外，窗外陽光正烈，白楊樹闊大的葉子在陽光下像一片片水晶，風吹過抖動著點點光芒——這個夏天，也會像一片陽光下的水晶，一直閃爍在史敏的記憶裡吧？想到這裡，我也由衷地微笑了。

知識連結：行為療法

行為療法又稱行為治療，是基於現代行為科學的一種非常通用的新型心理治療，是根據學習心理學的理論和心理學實驗方法確立的原則，對個體反覆訓練，達到矯正適應不良行為的一類心理治療方法。

行為療法主要包括系統減敏療法、厭惡療法、內爆性治療法，等等。

行為療法的適應症狀主要包括：

一、恐懼症、強迫症和焦慮症等精神官能症。

二、抽動症、肌痙攣、口吃、咬指甲和尿床症等習得性的不良習慣。

三、貪食、厭食、菸酒和藥物成癮等自制不良行為。

四、陽痿、早泄、引導痙攣、性冷感等性功能障礙。

五、戀物癖、異性服癖、露陰癖等性慾倒錯。

六、慢性思覺失調症和精神發育遲緩的某些不良行為。

七、輕度憂鬱狀態及持久的情緒反應等。

各種行為療法的共同點是：

一、治療只能針對當前來訪者有關問題而進行，至於揭示問題的歷史根源、自知力或領域，通常認為是無關緊要的。

二、治療以特殊的行為為目標，這種行為可以是外顯的，也可以是內在的。那些要改變的行為常被看做是心理症狀的表現。
三、治療的技術通常都是從實驗中發展而來，即實驗為基礎的。
四、對於每個求治者，施治者很據其問題和本人的有關情況，採用適當的行為治療技術。
目前行為療法以其操作技術具體、簡單易行、適用範圍廣而受到人們的歡迎和廣泛的使用，是心理諮商的主要流派之一。
行為療法具有以下優點：
一、病人在參加門診或住院的治療時間和經濟負擔要輕鬆很多，因此行為治療的應用較易推廣。傳統的心理治療在那些社會經濟地位較低和教育程度不高的病人中是不易施行的，對那些不能或不願表達其情緒和情感的來訪者也不適用，而且行為療法強調控制、刺激和操縱環境，因而不管來訪者有何想法，都能成功地進行治療。
二、培養一個傳統的心理治療專家需要花費很長時間，而培養一個行為治療專家困難就少得多。
三、行為療法直接解除症狀，不需要花費很長的治療時間，目標就是具體的外顯行為改善，因而效果和效率也比較直接和明顯。

四、對於有些行為矯正，行為療法是最佳的方法，如各種恐懼症。

同樣，行為療法也有一些不足之處：

一、極端的行為主義者，他們只重視刺激——反應間的關係，而忽視了人的理性、認知等因素的作用。有人批評行為療法把人降低為動物，完全否認了人的自由、自主、獨立性，貶低了人的尊嚴和價值。有些人對各種阻性刺激的使用是否人道也有不同意見。

二、只重視學習過程、動作技巧和方法，關注的是人的行為而非人本身。

三、行為療法所帶來的改變很可能只是表面的，只治標不治本，因為內在原因沒有消除，症狀有可能會發生轉移。

四、不夠重視諮訪關係，在諮商中，來訪者基本上處於被操縱的角色。

五、主要適用於矯正不良行為，不適宜作為諮商人生中深層問題的主要手段，比如人生的意義、生命的品質問題。

衝破心靈之繭

父親的強勢讓他的男性意識尚未覺醒就被扼殺
鄰居阿姨的變態行為給他造成嚴重的性創傷
脆弱的自我在一次次心理諮商中逐步成長和堅強

本篇諮商師　劉軍，男，精神科主治醫師專職心理醫生。擅長用精神分析性心理治療、認知性心理治療及家族治療等方法處理有婚戀問題、社交障礙、憂鬱症、恐懼症、焦慮症、強迫症、適應障礙、創傷後壓力症候群等心理問題和心理疾病。

很奇怪，第一次見到左岸，我不知怎麼突然想到了法國小說《紅與黑》裡的男主角公朱利安。也許在我的想像中，朱利安長得大概就是這個樣子的——皮膚白皙，十指修長，一頭稀疏而發黃的頭髮軟軟地貼在頭頂上，身材高挑，背微駝，目光像怕見人的小野鹿，溫順，又時不時掠過一絲惶恐和驚懼。而事實上，左岸的經歷和朱利安毫無相同之處，相同的，是他們都有那種在男人身上很少見的陰柔的氣質吧？

左岸自述：如果，這次不是因為我和女朋友之間的事情，我可能沒有勇氣坐

在這裡。

我和我女朋友交往有一年多，像我們這個年齡，二十五六歲的，很多都有過性方面的經歷了，我從來沒有過，似乎也沒有那個幻想，總覺得男人和女人在一起做那種事情，蠻可笑、蠻下流的，和動物沒什麼區別。

去年的聖誕節，是我女朋友的生日，那天我們在一起喝酒一直喝到夜裡十二點，我準備回家的時候，她拉住我，讓我別走了，說實話當時我清楚如果留下來將會發生什麼事情，有點害怕，但是我知道如果那時候我堅持要走，肯定會讓她看不起的，所以我硬著頭皮留了下來。那個晚上，我和她有了身體的接觸，但是我……是我不行，根本不能勃起，你明白我的意思嗎？我們沒有做成。我女朋友又驚訝又沮喪，我也覺得很沒有面子，後來我們又試著做了一次，還是不行。我女朋友一直讓我去醫院看看，我不肯去，她很無奈，後來就不來找我了，我也沒有主動去找她，我們一年多的交往，就這樣不了了之了。

我不肯去醫院，是因為我知道我的生理上沒有問題，問題出在心理上。

說起我的心理問題，直覺告訴我一定和我的父親有關。我父親是派出所的所長，在我們老家，他是很有名的，大家都傳說著許多他和犯罪分子鬥智鬥勇的故事。他對我的管教極其嚴厲粗暴，印象最深的有一次，我才六歲吧？去幼兒園的路上摘了農民的芭樂，後來農民跑到我家裡來告狀，我父親知道了，一把抓起我走到離家不遠的一座橋上，二話不說就丟了下去，我嚇得哭都哭不出來，後來還是鄰居救了我。

從小我對父親一方面是崇拜一方面是憤恨，相反對母親卻沒什麼感覺，我母親就是一個家庭主婦，每天洗衣做飯收拾屋子，什麼都不問什麼也不懂，我想要的愛和安全感，她沒有能力給我，我覺得父親是有能力給我這些的，但他對我總是一副愛理不理的樣子，似乎我對於他，是一個可有可無的人。記得那時候在報紙上看過一篇介紹童話大王鄭淵潔的文章，說他非常愛自己的兒子，和兒子的關係非常民主，像朋友一樣。我特別羨慕，想如果自己有那樣一個父親該有多幸福，那之後我老嚮往著能有一個鄭淵潔那樣的人來取代我的父親，這是我整個童年和少年時期最大的夢想。

讀高中的時候，我們的歷史老師和我父親年齡相仿，非常溫文爾雅，我不知道為什麼，就對他產生了一種類似愛情的感覺。天天盼著上歷史課，真到了他的課，我又緊張得不得了，有時候他的目光無意中和我碰到了一起，我的心就狂跳不止，晚上躺在床上，我喜歡想他，想他的眼睛，他的笑容，他的胸膛——如果我能躺在上面會是一種什麼感覺呢？在那樣的想像裡我總是忍不住手淫……

> 工作以後，我的這種情況愈演愈烈，只有那些溫文爾雅的中年男子才能激起我的性衝動，所以現在我最擔心的是自己是不是同性戀？可是如果我是同性戀的話，為什麼我只對溫文爾雅的中年男人有好感，對其他男人卻沒感覺呢？

我明確地告訴左岸，他並不是典型的同性戀者，出現這樣的問題，很可能是源於自己幼年時期的戀母情結（Oedipus Complex，也譯作「伊底帕斯情結」）——每個人的幼年時期，都會有一個階段存在著對雙親中異性者的亂倫幻想，和對雙親中同性者的嫉妒和謀殺衝動，由於這種幻想與古希臘傳說中的伊底帕斯的經歷十分相似（他殺死了父親並與母親結婚），佛洛伊德將之稱為伊底帕斯情結。伊底帕斯情結是一個人正常性心理發展過程中所必須經歷的一個階段，在這個階段中要完成許多性心理發育的任務，比如道德觀的逐步建立、認識自己的性別等等，但從目前左岸的情況來看，他的性心理發育在伊底帕斯期出現了停滯——父親的嚴厲與強悍對他而言是一種無處不在的威脅，讓他覺得做男人是可怕的事，他不敢成為男人，不敢和父親競爭。最初的伊底帕斯幻想會一直保留在人的潛意識當中，並且隨著年齡的成長發展為更高級的形式，對人的精神生活、性格形成、性活動的形式和對象等等各個方面產生重大影響。

這些理論，我沒有說給左岸聽，也沒有給他提什麼建議，作為從事精神分析的心理治療師，我相信每個人都具有自我成長的力量，我所做的只是給左岸提供一個時間與空間，一個有安全感、被接納的談話氛圍，讓他能自然地主動地將自己的內部語言表達出來，這種表達，是一條他對自己潛意識裡的東西進行發掘、釋放、梳理和處理的途徑，更是一趟漫長而艱難的心靈之旅，這趟旅程對於左岸的意義無異於重生。

左岸自述：小時候我身體很弱，性格也很文靜，像女孩子一樣，所以別的男孩子總是欺負我。記得有一次，他們將我的帽子摘下來，丟到了屋頂上，我哭著跑回家，母親正在洗衣服，我以為她會將我抱進懷裡，安慰我，但是她只看了我一眼，說：打架了吧？快去擦擦臉！父親聽見了，過來劈頭給了我兩巴掌：哭哭哭！你這眼淚怎麼像自來水一樣！哪像個男孩子！一點出息都沒有！記得那一天，我坐在廚房裡，哭了很久很久，特別特別傷心和無助，我多麼渴望能有人保護我，一個強壯的哥哥，或者是一個慈愛的父親，用他們有力的臂膀將我溫柔地抱進懷中，不讓我受一點傷害。

似乎從小我就有這樣的幻想——我躺在一個中年男人的懷中，他還抱住我，是那樣的溫暖與安全。長大以後，這樣的幻想讓我激動，我總是控制不住自己手淫，可是在快感之後，我又感到特別的自責與痛苦。

對於女性，對於女性的身體，我反倒沒有什麼感覺，就連我交那個女朋友，也不是我心甘情願的，而是我覺得自己都這麼大了，再不交女朋友，別人會發現我的不正常。現在想想，真是很對不起她。

在和左岸的接觸中，我能感覺到他身上有許多女性的特質，比如敏感、脆弱、害羞、渴望安全感等等，這是因為在父親強大的壓力下，他所有作為男性應有的意識尚未完全覺醒就已被扼殺在搖籃中，所以，從心理上來說，他更像是一個女人。

在大約進行了三四次心理治療之後，左岸說他這段日子對中年男性的性衝動越來越少了，但我很清楚，這並不意味著他真的好轉了，而是他將情感從他幻想中的中年男性身上轉移到了我身上，因為在我這裡，他可以獲得從幻想中的中年男性那裡不曾獲得的平靜、力量、支持和關懷，這是心理治療中經常出現的現象，這時候就要求心理治療師有足夠的清醒和理性，一方面，要敢於走進患者的情緒中，敢於成為他（她）情感的寄託、敢於成為他（她）生活中的一部分，另一方面，要保持自己的中立位置，不要被患者的情緒牽著走。比如在左岸向我訴說父親對他的暴力時，我能體會到他當時的心情，但我不能說：你父親怎麼這樣啊？這對你太不公平了！這樣說，表面上似乎是在給他支持，實際上只會讓他更委屈更脆弱，我需要做的是幫助他理解症狀背後潛意識當中的衝突，從而慢慢打開內心深處的枷鎖。

隨著左岸對我越來越信任與依賴，他的自我設防越來越弱，對自我內心的挖掘也越來越深。

左岸自述：我七歲的時候，鄰居家有一個阿姨，離婚了獨自生活，她很喜歡我，有時候母親要出去辦事，就將我託付給她照顧。

有一次，這個阿姨將我帶到她的房間裡，關上門，脫掉了褲子……她讓我看她那個地方，還讓我用舌頭舔，我懵懵懂懂的，雖然不喜歡那樣，但是為了討好她吧，還是照她說的做了……她扭動著身體，臉上的表情是接近癲狂的，我很害怕，不明白平時和藹可親的阿姨怎麼會變成這種樣子，後來這樣的事還發生了好幾次，我越來越害怕、越來越反感了，似乎也知道這樣的事是見不得人的，所以也沒有對母親說，但是以後母親再讓我去那個阿姨家，我說什麼也不肯去了。稍大一點以後，我每次想起這件事都覺得特別噁心、特別後悔，有一種恥辱的感覺。對我而言，這種噁心和恥辱的感覺是和女性的生殖器聯繫在一起的，一直到現在，我都覺得女性的生殖器是很骯髒的。

我也不知道該怎樣和女性相處，和她們在一起總是很彆扭，有時候看著那些女孩子，都很美麗溫柔，我會產生一種很奇怪的想法：她們脫掉衣服是什麼樣子？這樣一想就覺得很噁心。有時候這樣想著臉就先紅了，所以我們公司的人都說我老實——一和女孩子說話就臉紅，緊張得說不出話來。

左岸講述的這件往事對他的負面影響無疑是很大的。性是一種本能，它需要一個合理滿足的途徑，很遺憾，這件事對於左岸來講是一個嚴重的性的創傷，使得他無法透過一個正常的途徑來滿足自己的性需求，從而也使他喪失了和異性建立親密關係的能力，再加上他潛意識裡一直懼怕成為男人，這一切都有可能使他的心理出現偏差。

左岸自述：現在有時候想想，真是對我的父親恨之入骨，想不通他為什麼要對我那樣！記得我都讀國中了，有一次考試沒考好，他讓我自己抱著一枚鐘跪在樓梯口，要跪滿兩個鐘頭才能起來，樓梯口來來往往那麼多人，我都要瘋了，心裡有一種強烈的想把那枚鐘砸碎、把一切砸碎的衝動，可是我不敢，內心的激烈鬥爭使我的身體抖個不停，當然最終我還是沒有砸碎那枚鐘，我不敢，但到現在我都清晰地記得那種憤怒得頭幾乎要爆裂的感覺。

別人都不知道，其實從小學到高中我都有尿床的毛病，而且一般都是在我和父親有過衝突之後，我曾經為此苦惱不已，但這個毛病在我出社會工作以後慢慢沒有了，蠻奇怪的……

一直在父親暴力陰影下成長的左岸，內心壓抑著巨大的憤怒和恐懼，「尿床」事實上是他對父親強權的一種無聲又無力的反抗，這些憤怒和恐懼讓他一直處於緊張、焦慮、膽怯、自卑和不安的情緒當中，這時候，給他一個表達的機會，讓他透過表達從這些情緒當中解脫出來是很有必要的。

經過大約十一次心理治療以後，左岸告訴我他對中年男性的性衝動已經明顯減少，而且現在也能時常想起女性的身體，想起那起伏的曲線，並覺得優美。

變化就是這樣以悄無聲息的姿態發生，這聽起來似乎很神奇，因為在整個治療的過程中，我大部分時間只是在傾聽。只不過在傾聽的過程中，我能清醒地把握談話的分寸，判斷他語言背後隱藏的內容，適時地變換自己的角色。我偶爾會說幾句話，表示鼓勵、理解和安慰，這些話都是極其簡單和樸實的，比如「你這一次比上次進步了不少」、「看來你真的遇到了麻煩」之類，或者僅僅是一個關注的眼神，但是在當時那種特有的工作氛圍當中，這些語言和神情往往就會產生神奇的力量。

運用精神分析法進行心理治療是一個潛移默化的過程，就像是養育一個孩子一樣，你不能指望一蹴而就，更不能揠苗助長，只能幫助他（她）一點點成長，一點點堅強，直到他（她）有足夠的能力獨立上路，一個稱職的心理治療師會清楚應該在什麼時候撤出患者的生活。不過就目前

情況看，左岸還遠遠不到那個時候，儘管一切都在向好的方向發展。

左岸曾經和我說：「每一次和您交談，我都有一種蛻皮的感覺，每蛻去一層皮心裡就舒服了一點，陽光就灑進來多一點。」而這，又何嘗不是我們每一個人要做的功課呢？那些在過往的歲月中累積的創傷，一層又一層包裹著我們的心靈，像一枚密封的繭，無邊無際的黑暗與沉鬱，大部分人的一生，都有一段時間是被密封在繭裡的吧？有些人可能就此絕望，而更多的人，會在黑暗與沉鬱中積極積蓄著勇氣、力量和智慧，終將有一天，我們可以突破那層層封鎖重重包圍，到那個時候，我們的心，會如破繭而出的彩蝶，向著陽光，輕盈地、自由地，展翅高飛。

知識連結：精神分析療法

精神分析療法（Psychoanalytic Therapy），又叫心理分析療法、分析性心理治療，是心理治療中最重要的一種治療方法。精神分析療法主要是把來訪者所不知曉的症狀產生的真正原因和意義，透過挖掘潛意識的心理過程將其「召回」到意識範圍內，使來訪者了解症狀的真實意義，使症狀消失。

精神分析療法的適應症包括：歇斯底里症、心理創傷、性心理障礙、人際關係障礙、焦慮症、憂鬱性精神官能症、強迫症、恐懼症、憂鬱症等。

精神分析是一種改變人格的艱難過程，對於患者來講，需要具備一些基本條件，才有可能接受精神分析治療。

第一個條件是必須有足夠的治療和改變動力，願意付出長期的努力，願意承擔改變人格伴隨的哀傷與痛苦。

第二個條件是具備基本的移情能力，既可以與別人建立基本的關係的能力。關係是一切心理治療能夠奏效的基礎，是心理治療能夠進行的前提。

第三個條件是有長期固定的空間時間來治療。精神分析心理治療需要每週一到五次，每次大約一小時，大部分可以在一百到一百三十小時的治療長度內完成，精神分析必須在約定的時間和頻率下進行。這種設計本身，就是治療奏效的重要元素之一，因為連續性和恆定的關係，是治療奏效的關鍵因素。一個連續性比較差的精神分析，意味著癒後不良。

第五個條件是患者的心理承受能力，要能夠承擔治療帶來的衝擊。精神分析治療之初，痛苦症狀會有所緩解，但隨著治療的逐漸深入，痛苦會逐漸加重，甚至會超出平常的痛苦程度，個別患者由於承受力不足，導致防禦機制崩潰，病情加重。

基於以上條件，適於接受精神分析治療的患者，可能是有限的。

就讓一切順其自然

一次肝炎讓他成了強迫症患者
病態行為影響他的工作和生活
順其自然為所當為

本篇諮商師　閻俊為精神衛生研究所主治醫師，醫學碩士。

楊格，大學教師，三十歲。如果不是病歷上寫得清清楚楚，我很難相信眼前這個頭髮蓬亂、面容憔悴、眼裡布滿血絲的男人只有三十歲，尤其令人吃驚的是他的那雙手，皮膚全都翻了起來，呈現出一種異樣的蒼白。此刻，他正在局促地搓著雙手，用緊張得有些結結巴巴的語言向我訴說著他的痛苦——

楊格自述：醫師，我痛苦極了，實在太痛苦了，我知道，我得的是強迫症，聽別人說強迫症很難治療？那我該怎麼辦？現在我已經不得不休假在家了，總不能就這樣待在家裡一輩子吧？學校裡的工作還一大堆，真是急得要命。

其實我一直都過的挺順利，讀的是知名大學，畢業後又順利留校任教，有這個毛病，主要是因為那一次得肝炎，三年以前了，當時醫生對我說以後一定要注意衛生，我很害怕生病，總覺得自己還有許多人生的目標沒有實現，身體完了一切就都完了，那以後就格外注意個人衛生。

可是慢慢發展下來就完全不是那回事了。比如洗手，一洗就停不下來，總覺得不放心——會不會沒有洗乾淨？吃水果，就想這水果上會不會有細菌、農藥？越想越怕，乾脆就不吃了；去菜市場買菜，一看到那種亂糟糟、臭烘烘的環境就受不了，什麼也不敢買，回到家就將鞋子和外套都丟了……一開始洗手、洗澡的時候，我用的是香皂，後來覺得香皂的去汙能力不強，就改用洗衣粉，還是覺得不放心，又改用洗碗精，把皮膚都擦洗破了，還是停不下來，急得我滿頭是汗，你看看（**楊格將衣袖捲起來讓我看，他的整條手臂一片暗紅色的於血，有的地方還破了，露出鮮紅的肉，讓人觸目驚心**）——其實洗的時候我也在不停地告訴自己：「行了，乾淨了，洗兩遍就行了。」但另一個我卻說：「不行，細菌多頑強啊，得多洗幾遍——」兩個我在腦子裡激烈鬥

爭，感到特別矛盾、痛苦，有時候即使強迫自己停下來，可心裡還是不舒服，總覺得有什麼事沒做完似的……

後來，這種毛病越演越烈，已經影響到我的正常生活和工作了——為了洗手我經常耽誤吃飯、上課，有時候眼看著上課時間已經到了，我就是停不下來，所以常常遲到，即使去上課也是心不在焉的，學生們對此意見不小；我還不願意和別人握手，嫌髒，如果是學生倒也罷了，有時候是上司和我握手，我也猶猶豫豫的不肯伸出手來，上司覺得這個年輕人實在太傲氣了，對我印象很壞；最要命的是我因為怕髒什麼都不敢碰，比如我去找人，人家的門關著，我不敢用手敲門，只有在外面叫人或者用腳踢門，搞得人家都覺得我有點神經兮兮的……以前我和同事、學生的關係都挺不錯，但現在卻越來越疏遠，他們有時候叫我一起聚餐或者去踢球，我一想那麼多人一起吃飯會不會傳染疾病？而且踢球弄得一身汗，回來還得洗，一洗又是沒完，所以就拒絕了，次數多了，別人玩什麼也不找我了，弄得我越來越孤獨越來越封閉，越是這樣閒著沒事越是想洗手洗澡，就是這樣惡性循環，整個生活都處於癱瘓狀態，不得不休假在家。

我想利用休假這段時間好好治治這個病，要不然我這輩子就完了，說真的，我都快崩潰了……

正如楊格自己所說——他的確得了強迫症。強迫症的類型包括強迫性行為（表現為反覆洗手、數數、關燈等等）、強迫性觀念（表現為反覆思考諸如母雞為什麼會生蛋、而公雞不能之類可笑的問題，不想清楚就不舒服）、強迫性意向（表現為一種無法控制的衝動，比如看到車子駛過來就想衝過去、站在高樓上就想往下跳等等）以及強迫性情緒（表現為看見某種東西就產生抑制不住的厭惡、噁心等情緒反應）。其實在我們的生活中不少人有強迫傾向，一般來說，如果自己可以控制並且不影響日常生活、學習和工作，就不需要特別進行治療，但很明顯，楊格已不屬於此列。

我首先安撫楊格，告訴他得強迫症就像得感冒一樣是正常的，而且是可以治療的，但是需要一個過程，需要他和我配合，需要我們共同的努力。

我為楊格開了一些抗強迫藥物，同時輔助以心理治療。在心理治療上我結合「團體心理治療」和「森田療法」。「團體心理治療」就是將一些強迫症患者集中在一起，這些人中有的是剛接受治療的，有的是已經好轉的，有的是已接近痊癒的，大家在一起說一說自己的症狀以及治療過程中的感受與經驗，這樣就能讓楊格看到希望，獲得戰勝疾病的信心和力量，從而大大緩解他的焦慮，用他自己的話說就是「原來有這麼多人和我一樣啊，我終於找到『戰友』了！」「森田

療法」是日本人森田正馬於一九一九年創立的，這種療法的原理是「順其自然，為所當為」，所謂「順其自然，為所當為」就是接受疾病所帶來的痛苦和焦慮，不要刻意去抵制和反抗它，同時去做一些自己應該做的事情。我對楊格說：「比如你九點鐘必須去上課，但這時候你正在洗手，但是教書是你的職責，做人是要負責任的，你應該立即停止洗手去上課，當然這樣你可能會覺得很難受，難受就讓它難受吧，作為教師，你站在課堂上就得為學生傳授知識，講滿五十分鐘。這樣堅持下去，你的狀態就會有所改變了。」

楊格將信將疑，但他表示可以照我說的去試試。我建議他先做一些比較有趣味性的體育、文藝類活動，比如打球、跳舞等等，可能會更容易一些。

過了一個星期，楊格來找我，整個人看起來放鬆了不少，說話也不結巴了。

楊格自述：我照您說的去做了，一回到家就給自己列了一個詳細的作息表，然後嚴格按照作息表來做。第一天早晨起床後，我去洗臉，一洗就停不下來，但我想到作息表上寫著接下來得去買早點，就強迫自己停下來去買早點，唉，別提心裡有多不舒服了，出了門還在心裡碎念：剛才應該再洗兩遍就好了。買好早點回來我叫醒父母一起吃早餐，吃完早餐我和媽媽一起散步去離家不遠的體育場打羽毛球，一路上我心裡都放不下洗手的事，但是我媽媽很高興，她說我總是一個人待著，已經很長時間沒有陪她做運動了，我看她那樣高興心裡也挺高興的。後來我們就打球了，（**打球時有什麼感覺？**）打球的時候我就忘了洗手這件事了，偶爾想起來一下，還是很難受，但是很快就轉開了，因為我要接球呀！打完球我幫助媽媽買菜做飯，去菜市場也是挺難受的，但我想人總是要吃飯呀，不買菜怎麼做飯？所以堅持著將菜買回來了，吃完飯午睡，下午我去看了場電影，然後回家吃飯、看電視，九點上床睡覺，一開始怎麼也睡不著，我就找了一本自己喜歡的金庸小說來翻，翻著翻著就睡著了，燈都忘了關。

這個星期就是這樣，洗手的次數真是減少了，但還是時不時會想起來，想起來就很難受，這個問題怎麼解決呢？

我鼓勵楊格：「你已經配合我邁出了可貴的第一步，非常好！雖然還是會難受，但行動是可以改變情緒的，你打球的時候不是忘記了難受嗎？不要刻意逃避這種難受，你就帶著它或者說忍受著它去做你該做的事，情緒是起伏的，也許這時候是十分，可能過一段時間就是七分，再過一段時間只剩下五分，再過一段時間，就沒有了——是不是這個道理？關鍵的是你要堅持做下去，並且有信心！」

又過了一星期，楊格比預約時間早一個小時到了治療室，一見到我就急切地說：「閻醫師，不行，我還是想洗手，不洗就難受，怎麼辦啊？」

我意識到楊格有些急於求成，就先請其他快痊癒的人講一講各自治療過程中的體會，讓他知道別人也是這樣一步步走過來的，不能急。接著我為他講了一個故事：森田正馬曾經有過一個患有廣場恐懼症的病人，這個人一出門看到車啊、人啊就害怕心慌、要暈倒。這一天，森田正馬讓這個人幫他送一本書給他的朋友，這個人不敢違抗醫師的意思，硬著頭皮花了整整一天才將書送過去，回來以後這個人對森田正馬說：「我把書送給了您的朋友，但是我心裡很不舒服，好幾次差點暈倒——」這時候森田正馬打斷了他的談話：「夠了，你幫我將書送過去了，我很感謝你，我的朋友收到書也會很高興，至於你難受，我們就不用說了，我只看到你的行動和你的行動所帶來的這個結果，是令人愉快的，這就夠了！」講完這個故事，我問楊格：「你想想這個故事說明了什麼？」不得不承認楊格是個非常聰明的人，他沉思了片刻，回答我：「說明一個人活在這個世界上，別人看重的或者評判你的標準是你的行動，而不是你心裡的感受，感受只是個人主觀的東西，它與行動比起來太渺小太不重要了！」「對呀！」我對楊格豎了豎大拇指表示讚賞，又給他舉了一個例子：「就比如你是一輛公共汽車，強迫症是車上的一個小零件生鏽了，如果你讓這個生鏽的小零件束縛住不出車了——一輛車長期不使用，結果只能是報廢。可是如果你堅持運行，雖然行駛起來可能會有些不舒服，但等候在站牌前的乘客會很感激你為他們帶來方便，而你透過一次又一次的運行，原本生鏽的那個零件也慢慢被磨光了，你又完全恢復正常了，是不是？」楊格若有所悟地點了點頭。

這一次我建議楊格不要只局限於打球、買菜、看電影，可以試著進行一些需要精神集中和與人溝通的活動。他和我商量了一下，決定去做家教。

楊格再到醫院來已經是一個月以後了，我注意到他理髮了，人也因此精神了許多。我笑著問他：「家教做得怎麼樣啊？」他也笑了，這是我第一次看見他的笑容。

楊格自述：我教了兩個孩子英語，是一對雙胞胎，每天兩個小時，從晚上七點半到九點半，（**那你還遲到嗎？**）沒有，我於心不忍呀，人家家長都是工人，花錢為孩子請家教太不容易了，再說兩個孩子也挺可愛挺懂事的，我一點都不敢偷懶，（**還想著洗手嗎？**）想，但是已經很少了，主要是沒有那個時間了，你想想，每天要花時間備課，還要走一個小時的路去上課，上完課再走回來，這就不少時間了，（**那兩個孩子喜歡你嗎？**）他們喜歡聽我講課，我盡量做到深入淺出寓教於樂，他們進步也挺快的，讓我越教越有興趣，注意力慢慢轉到這上面了，我甚至考慮以後可以寫一本怎樣教好英語的書。昨天我去上課，兩個小傢伙爭先恐後地告訴我學校剛剛進行了英語測驗，他們的成績第一次排進了前十名，家長也高興得不得了，女主人為了感謝我還幫我織了一條圍巾，她說我能教好她這兩個孩子蠻不容易，其實我一直都沒告訴他們我是大學教師，你想一個大學教師教兩個國二的學生還能教不好嗎？！哈哈……

來自他人的接納和欣賞，對楊格從強迫症的症狀當中解脫出來是很有幫助的。在此後的心理治療中，我對楊格的進步不斷地給予肯定，在他偶爾灰心的時候給他提供強大的心理支持，同時我還和他分析了一些性格方面的問題，通常得強迫症的人都有一些共同的性格特徵：認真、嚴謹、執著、追求完美、內向、刻板、優柔寡斷等等，我讓楊格首先要了解自己的性格，意識到自己的性格中哪些是好的，哪些是不好的，好的方面要加以發揚，至於不好的方面，也許從根本上改變不了，但可以試著去不斷地控制、改進它。

在這樣進行了大約六次心理治療後，楊格找到我，說他已經自作主張將藥給停了——「我感覺我已經完全好了，想恢復工作，閻醫師，您看能行嗎？」作為醫師，看到楊格取得這麼好的效果自然是很欣慰的，但我也有一些擔心他的基礎打得不夠扎實，所以有必要給他打一劑「預防針」。我說：「你恢復工作可以，但是徹底治癒強迫症是一個很長的過程，在你以後的生活和工作中，可能還會出現一些強迫症的症狀，不過這並不可怕，最重要的是你自己不能鬆懈，要安排好自己的生活，讓每一天都過得充實，讓行動成為一種習慣。當然如果你覺得自己應付不了的時候，要記住你並不是無助的，你隨時都可以來找我。」楊格微笑著向我伸出手來：「閻醫師，謝謝您，我會記住您的話，但我想我們不會再見了。」

事實正是如此——我再也沒有見過楊格，直到現在。

知識連結：森田療法

森田療法（Morita Therapy）是日本學者森田正馬於一九二〇年前後創立的一種針對精神官能症的心理療法。

森田療法主要的適應症是所謂「神經質」，大致包括：焦慮症、恐懼症、強迫症、疑病症、神經性睡眠障礙等。

森田療法的特點為：

一、不問過去，注重現在。森田療法認為，患者發病的原因是有神經質傾向的人在現實生活中遇到了某種偶然的誘因。治療採用「現實原則」，不去追究過去的生活經歷，而是引導患者把注意力放在當前，鼓勵患者從現在開始，讓現實生活充滿活力。

二、不問症狀，重視行動。森田療法認為，患者的症狀不過是情緒變化的一種表現形式，是主觀性的感受，治療注重引導患者積極地去行動，「行動轉變性格」，「照健康人那樣行動，就能成為健康人」。

三、生活中指導，生活中改變。森田療法不使用任何器具，也不需要特殊設施，主張在實際生活中像正常人一樣生活，同時改變患者不良的行為模式和認知。在生活中治療，在生活中改變。

四、陶冶性格，揚長避短。森田療法認為，性格不是固定不變的，也不是隨著主觀意志而改變的，無論什麼性格都有積極面和消極面，神經質性格特徵也是如此。神經質性格有許多長處，如反省力強、做事認真、踏實、勤奮、責任感強，但也有許多不足，如過於細心謹慎、自卑、放大自己的弱點、追求完美。應該透過積極的社會生活磨練，發揮性格中的優點，抑制性格中的缺點。

森田療法的治療方法主要有三種方式：生活發現會、門診森田療法和住院森田療法。其中住院森田療法是對於嚴重的精神官能症患者的最佳方法。

第二章 現代心理治療

跳出一場和諧的家庭之舞

曾經品學兼優的女孩害怕上學
忠於家庭成了她的沉重枷鎖
父母所作改變幫助女兒走出困境

本篇諮商師　郭蓄芳為心理治療室主任。

葉玲是由母親帶著來找我的，十八歲的女孩子，正在讀高三，曾經品學兼優，現在卻害怕上學。母親的擔憂和焦慮明明白白地寫在臉上。

母親自述：我這個女兒，說實話，從小到大還真沒有讓我擔心過，別人家為了孩子

的學習恨不得全家總動員，她從來都是自己管自己，也特別懂事，我的同事都很羨慕我有這麼一個好女孩。

問題就出在她讀高二的時候，因為得了急性中耳炎，引起頭痛，我趕快帶她去醫院進行了治療，恢復得也挺好，可不知為什麼她的頭痛就是好不了，每天早晨起來，她就喊頭痛，要不就是胃痛，說非常痛，上不了學，整天躲在家裡無精打采的，什麼事也不想做，什麼人也不想理，話都懶得說，我帶她去過好多大醫院檢查，也查不出什麼問題。

她現在正在讀高三，一寸光陰一寸金啊，我心裡頭急得不得了，又不敢唸她——我們同事的孩子，因為不想上學一直逼他，結果好好的孩子逼出了思覺失調症，我想孩子考不上大學是小事，要是瘋了可麻煩了，再說我就這麼一個寶貝。可是，她要老是這樣不讀書，將來怎麼辦？我真是煩惱到不知怎麼辦才好了。

很顯然，葉玲害怕上學的背後，一定隱藏著一些她母親所不知道的原因。我和葉玲單獨做了交談。

葉玲自述：這件事我媽媽不知道，她要是知道了一定很傷心。

從幼兒園到高中，我一直是校園裡很受矚目的那種學生，因為我成績優異，還彈得一手好鋼琴，我不太和別的同學交往，總覺得他們太庸俗，我知道他們都說我「清高」，我也承認，但清高也是要有資本的，不是嗎？

升入高二那一年，教育局舉辦了一個全市國中生才藝大賽，我們學校選了兩個人去參加比賽，一個是我，一個是L，他是另一個班的，會唱歌會彈吉他。你看過電影《勇敢的心》嗎？他的氣質很像那個男主角。我不知道自己為什麼從第一眼看見他就有一種想靠近他的衝動，我到現在也百思不得其解。

因為要一起去參加比賽，我們有了很多接觸的機會。有一天我去學校的琴房練琴，看見他正坐在地板上彈吉他，是那首我很喜歡的王菲的《我願意》，我不知道自己怎麼會這樣大膽——我一直站在那裡，定定地看著他，直到他彈完那首曲子抬起頭，他也一動不動地看著我，我們這樣對視了好長時間，然後他笑了，他笑起來嘴角一抿，有一種意味深長的感覺，非常動人，在他面前我就像被施了魔法一樣，完全不受自己控制。他拍了拍身邊的地板，對我說：「坐下來吧。」我坐在他身邊，很自然地把頭靠在他的肩上，天哪，我真的不知道自己怎麼會這樣大膽，不可思議。那是我的初戀。

我們經常在一起練琴，我記得每天練完琴，L都會從口袋裡掏出一顆已經洗乾淨的蘋果讓我吃，然後他騎車送我回家，我坐在他的自行車後座上吃蘋果，感覺好幸福。

後來，沒有任何預兆，L突然提出結束，我到現在都想不通他有什麼理由放棄我，只隱隱約約聽說他和他們班的另一個女生好上了，我見過那個女生，又矮又胖，輸給這麼一個人我都要瘋了，天天晚上躲在洗手間裡哭……

你知道我為什麼身體不舒服嗎？我一想到L把曾經帶給我的幸福給了那個又矮又胖的女生就覺得噁心！我常常想吐出吃進去的那些蘋果！知道我為什麼不願意去上學嗎？因為去了我就得演戲，儘管心裡很痛苦，但表面上還得裝作特別高興，我不能讓同學發現我被別人甩了，更不能讓L看見我的痛苦，那樣他會得意的不是嗎？一直這樣演戲我覺得很累。而且，最要命的，是我感覺有些同學好像已經知道這件事了，他們總在我背後指指點點的，幸災樂禍的樣子。我受不了，也想過自殺，可是我一自殺不就誰都知道我被別人甩了嗎！那樣太沒面子。有時候我想最好的辦法就是我遭遇車禍，或者是搶劫，我和歹徒搏鬥，這樣就可以名正言順地死去，可我要真的死了，我爸媽怎麼辦呢？

葉玲的講述似乎已經揭開了她害怕上學的真正原因，但我相信事情遠遠不止這麼簡單——一個人的心理問題往往不是孤立的，而是家庭成員之間相互作用的結果。葉玲的好強、清高、虛榮、脆弱，以及她敏感的自尊心，一定和她的家庭有著密切的關聯。那麼她所處的這個家庭有著什麼樣的故事呢？

母親自述：我們這個家，能走到今天，實在不容易。想當初我和玲子爸爸決定結婚的時候，那可真是鬧翻了天，我的家人、親戚和朋友全都竭力反對，原因是兩個人的條件實在太懸殊了：我好歹有個大學學歷，有正式的工作，父親是醫院的院長，母親是工程師，哥哥在大學裡教書，他呢？鄉下人，高中都沒畢業，在一家工廠做臨時工，當時我母親就說我：「你要是嫁給這麼一個人，你就是瞎了眼，你就不配做我的女兒！」可是愛情這東西真是說不清道不明的，我就是看上了他的真誠和實在，誰勸我都不聽，得罪了所有親友。

我們結婚那天，一個客人也沒有，兩個人在租來的平房裡吃了一頓自己做的菜，記得那天晚上還停電了，我們坐在昏暗的屋子裡，手握著手相互鼓勵：「一定要齊心協力打造一個好家庭，讓那些反對我們結合的人看看！」

婚後的這麼些年，說實話我還真沒看錯人，玲子爸爸一直待我不錯。玲子出生以後，他為了改善我們一家的生活，從工廠辭職下海，做建材生意，剛開始的那幾年，生意一直不太好，我們過得很苦。他要天南海北地跑業務，我一個人在家，又是工作又是孩子又要為生活發愁，還要擔心他在外面是不是順利是不是安全。再多的苦，我也咬咬牙壓在心裡，不讓外人看出來，不和別人說，說了也是讓人家笑話，人家肯定會說：「誰讓你當初不聽勸的？現在也只好自作自受！」有時候實在受不了了，我就關起門來哭一陣，玲子這孩子特別懂事，一看我哭她就跟著我哭，一邊哭還一邊說：「媽媽，你不要哭，我長大了一定爭氣。」

好在玲子爸爸的生意現在發展得不錯，我們的生活比上不足比下有餘吧，我現在全部的生活重心都放在我寶貝女兒身上，期望她能有大出息。我這一輩子也算圓滿了。

父親自述：玲子媽媽待我的一片心，我這輩子都不可能忘了。人家金枝玉葉的大小姐，跟我這個窮小子活受罪，記得剛結婚那時候，玲子媽媽還不會做飯，炒菜時手上讓熱油燙出了好幾個包。晚上，她坐在燈下，用一根縫衣針一個個挑那些包，我在一旁，偷偷地哭，眼淚止也止不住，那時候我就在心裡暗暗發誓一定要讓她過上讓別人羨慕的好日子。

做生意，對我這樣沒有一點背景的人來說，談何容易？說實話有時候真是熱臉貼人家的冷屁股。我在外面吃的那些苦受的那些委屈，玲子媽媽都不知道，她一個人在家帶孩子已經夠難的了，我再跟她說這些，她怎麼受得了？所以再苦再累我也自己扛著。

不瞞你說，我現在銀行裡也有上百萬了，可還是拼死拼活地掙錢，為的是什麼？我為的是我的女兒。我女兒你也看到了，又聰明又漂亮，人見人誇，不怕你笑話，有時候玲子睡著了，我坐在她旁邊看著他，看上兩三個小時也看不夠。我已經想過了，她將來能飛多高，我就支持她多久，不讓她有一點後顧之憂……

現在可以看出，這個家庭的每個人都活得很壓抑，因為彼此相愛因為怕人譏笑，他們都想由自己將壓力一肩扛起，而不願讓其它成員分擔，更不願向旁人傾訴，這種壓抑的家庭氛圍很大程度上影響了葉玲的性格。又由於當初在婚姻問題上所受的阻力，葉玲的父母一直在努力證明他們的結合是正確的，而證明這種正確的最好事實是：事業成功、生活美滿、女兒優秀。葉玲是一個忠於家庭的孩子，因此她除了要承受失戀的痛苦之外，還要背負父母的期望、自我的期許、大考臨近的壓力、同學之間的競爭……這些背負對一個十八歲的女孩子來說，實在太過沉重，她無力面對，只能逃避，可是以一個什麼樣的理由逃避呢？葉玲的好強與自尊決定了她不可能對自己說：「人無完人，不可能什麼方面都能做到最好，我只要盡力就可以了。」她對父母的愛與理解也決定了她不可能對父母說：「爸爸媽媽，我不如你們想像中優秀，不要對我抱這麼高的期望了。」於是，「生病」成了一個最不失體面又堂而皇之的理由。

我開始對葉玲進行一系列的心理治療。首先我讓她一個人在一間病房裡住了十四天，除了吃飯、洗漱、上廁所、寫日記，其餘的時間只能躺在床上，除了心理醫生，不讓任何人和她說話。這樣做的目的有兩個：一是讓她不受任何外界資訊的干擾，將所有的注意力指向自身，她就會細細回想自己的成長歷程，分析自己出現心理問題的原因，從而能夠自己領悟到逃避是沒有用的，只有接受一切、面對一切才是解決問題的最好方法；二是讓她靜極思動——整天躺在床上躺煩了，自然就會產生活動的願望。接著我讓葉玲從事一些輕體力勞動，比如擦桌子、掃地、澆花之類，這個過程除了可以讓她恢復體力，更重要的是讓她體會到生活的樂趣。最後我再讓她轉入重體力勞動，鼓勵她多參加一些必須與人溝通和合作的活動，比如跳舞、打球之類，從而將她從一個以自我為中心的世界拉到現實的多姿多彩的世界中。

另一方面，我和葉玲及她的父母進行了數次家庭會談。我注意到父母對葉玲的過分溺愛是造成她心理脆弱的主要原因。比如在不上學這個問題上，其實葉玲並不是身體的問題，而是心理的逃避，但母親擔心女兒，就放任她躲在家裡——母親在某種意義上已經和女兒結成了「不上學」的同盟。天底下的父母都愛自己的孩子，因為愛所以擔心，擔心孩子跌倒摔跤，擔心他們受委屈受傷害，於是不顧一切地要將孩子呵護在懷裡。事實上每個人都具有一定的自我成長和承受挫折的能力，適當地給他們一個獨立的空間，讓他們有機會將這種能力發掘出來，他們才有可能真正地長大、更好地生存。

透過會談，葉玲的父母逐漸認識到：孩子是一個獨立的生命個體，而不是父母達成自己願望的工具，如果真正為女兒好，就讓她輕鬆快樂地成長，而不要把自己的願望壓在她的身上。在整個治療期間，我很欣慰地看見了他們為女兒所作的改變。

葉玲出院以後，和父母商量換了一個學校，現在她正在新的學校裡全力以赴備戰大考。而我，透過與這一家人的接觸，更深地感受到家庭成員之間相互作用的力量，這就像一場舞蹈，你進我退，所有舞者都相互影響不可或缺，只有每個家庭成員都擁有健康的心態，都清楚自己所扮演的角色，善於溝通，強化凝聚力，才有可能跳出一場真正和諧完美的家庭之舞。

知識連結：家族治療

家族治療（Family Therapy）是心理治療的一種形式，治療對象不只是病人本人，而是透過在家庭成員內部促進諒解、增進情感交流和相互關心的做法，使每個成員了解家庭中的病態情感結構，以糾正其共有的心理病態，改善家庭功能，產生治療性的影響，達到和睦相處、正常發展的目的。

家族治療作為一種特定的心理治療方法，一方面擁有自己獨特的原則和技術，同時在治療過程中還常常有選擇地吸收其他學派的治療方法，因而具有明顯的優勢，主要表現在：

一、家族治療建立的多種假設和迂迴原則，使治療人員能了解到更多的資訊，可以更清楚地認識到家庭成員間的關係及問題所在。

二、家族治療遵循的中立性原則，能更有效地消除家庭成員的阻擾，因為它使家庭成員得到了尊重，治療效果會更好。

三、家族治療的目標，是強化家庭改變時的自由和能力，不強迫對方改變。但同時它也認為治療人員不能過分捲入，因為這樣會使治療人員深陷其中，不能清楚掌握實質。

家族治療的適應症較廣，它較多地應用於青少年的行為問題，如學習問題、交友問題、精神官能症問題、進食障礙、心身症、青年夫妻的衝突等，具體參考的指標有：

一、家庭成員有衝突，經過其他治療無效；

二、「症狀」在某人身上，但是反映的卻是家庭系統有問題；

三、在個別治療中不能處理的個人的衝突；

四、家庭對於患病成員的忽視或過分焦慮；

五、家庭對個體治療有所阻礙；
六、家庭成員必須參與某個病人的治療；
七、個體心理治療沒有達到在家庭應有的預期效果；
八、家庭中某人與他交往有問題；
九、家庭中有一個反覆復發、慢性精神疾病病人。

家族治療的禁忌是相對的，只有在重度精神病發作期、妄想型人格障礙、性虐待等疾病病人中，不考慮首選家族治療。

總之，家族治療主要用於核心家庭中，即父母與子女一起的家庭，父母不能應付孩子的「問題」行為（問題常常與交流障礙有關），家庭針對某一個問題粗在「替罪羊」時，家族治療容易有效；如果有其他肯定的精神病理問題，如情感疾患、思覺失調症等，家族治療可作為輔助手段。

攜手穿越憂鬱的迷霧

她渾身不舒服卻查不出病因
心理治療讓她逐步卸下偽裝
小組成員互相支持戰勝憂鬱

本篇諮商師　柏曉利 心理門診副主任醫師。李秀英女士為醫院志工。

周逍是出於偶然才走進我的心理診療室的——她來醫院看病，掛了神經內科的號，又發現病人太多，她沒有耐心等，可又不甘心浪費了掛號費，正好她看見了心理診療室的牌子，也不知是哪根弦動了一下，她臨時換成了我的門診——完全是歪打正著。

聽周逍談她的經歷，儼然是一部淚跡斑斑的「求醫史」。

周逍口述：算起來，我現在這種渾身哪裡都不舒服的狀態已經有三年多了。三年前我大學畢業，一時裡找不到合適的工作，高不成低不就，只能在家待著，說實話在學校裡我算是比較出色的學生，可是現在看著許多當初不如我的人都找到了不錯的工作，讓我挺受刺激的，覺得命運真不公平，對自己很失望，又不願讓人看出來，每天還裝得很高興的樣子。

就是那段在家裡待著的時間，我覺得我的健康狀況下降很明顯：失眠多夢、手臂發麻、頭暈目眩、心慌氣短、胸悶腰疼……反正到後來就覺得全身上下沒有一塊好的地方，自己隨時都有死掉的可能，每天一睜眼就忙著去醫院，已經記不清去了多少家醫院、做了多少項檢查，可是結果總是一切正常。這一下我更緊張了——自己明明難受得要死，為什麼查不出病來？說明我肯定得了什麼罕見的大病！我時時刻刻關注著自己身體上的每一點小變化，稍有點風吹草動就驚惶失措，我覺得自己肯定會不久於人世，越想越悲觀，心想與其這樣行屍走肉般的活著還不如一死了之，可以說那三年裡，自殺的念頭一直在腦海裡縈繞不去……

周逍的求醫經歷和心理健康教育不夠普及是有很大關係的，事實上，如果一個人長期軀體不適，各種治療都不見效的時候，就應該想到有可能是心理出了問題，不妨去看看心理醫生。

根據周逍的症狀和一系列心理測試，表明她患上了「憂鬱症」。所謂憂鬱症是一種以情緒異常低落為主要特徵的心理性疾病。病人感到憂鬱，有淒涼感和厭世心理，常唉聲嘆氣，對人對事物失去興趣，常頭痛、心煩、多夢、乏力、腹瀉等等，嚴重時，人會感到強烈厭世，甚至會有自殺念頭。一般來說，憂鬱症透過藥物是很容易緩解的。

我為周逍開了一些抗憂鬱的藥物，兩個星期以後，她來到心理門診，自述現在心裡好像有了那麼一點快樂的萌芽，雖然還沒有生長出來。大概三、四個月以後，她的情緒已基本穩定，軀體症狀也逐步緩解。但是藥物的力量只是表面的，要想從根本上治癒憂鬱症，還需要輔助以心理治療。我建議周逍參加我們醫院的心理治療小組。

小組治療又稱為團體心理治療，是一種為了某些共同的目的將患者集中起來進行心理治療的方法。通常情況下，團體心理治療由一位或兩位治療者主持，治療對象六到二十人不等，甚至更多，治療者採用各種心理治療的理論和技術，並利用集體成員間的相互影響，以達到消除患者心身症狀的目的。

相對於個體心理治療，小組心理治療具有小組成員之間可以相互關心、相互支持、相互啟發並從彼此身上汲取信心和力量等等諸多優勢。在小組心理治療中，治療師會透過各種方式，讓患者更清晰地認清自己一些不好的思維模式、行為方式以及性格特徵，更勇敢地去面對和釋放自己一些痛苦的心理感受，從而更全面、更理性地去了解、接納、完善自我。

在第一次小組心理治療中，我讓組員們相互做一個自我介紹，要求每一個人在做自我介紹前要複述前三個人自我介紹的內容，這樣做的目的是讓他們能夠轉移對自己的注意力，學習關注別人。之後讓他們兩個人一組聊天，聊天時誰先說話，說了什麼，他們聊了哪些內容，都很能說明問題。我將自己在一旁觀察到的東西加以心理分析，說給每一個當事人聽，以幫助他們認識自己。比如周逍，我發現她總是主動說話，而且說個不停，這說明她是一個喜歡控制別人、以自我為中心的人，這樣的人一旦得不到別人的關注和認同就會覺得不快，我這樣告訴周逍的時候，她連連點頭：「沒錯，我一直都挺堅強的。」

第二次小組治療的主題是「講述你生命中最重要的人」，透過這樣的講述，我們可以了解一個人的經歷、他（她）所受的傷害以及他（她）是在一個什麼樣的環境裡成長的等等資訊。許多人說到傷心的地方，會哭，這是一種釋放，而且其他組員會在這時候給他們安慰和力量，也有許多人說到一些地方逃避了，其他組員會提問，這樣的提問使得他們無法逃避，不得不去面對自己內心一直壓抑著的真實的情緒。

周逍說自己生命中最重要的人是自己的奶奶。她是奶奶帶大的，奶奶對她很寵愛。印象最深的一次是她大冬天裡想吃冰淇淋，可是那時候不像現在物資這麼豐富，到哪去弄冰淇淋？她在家大哭大鬧，奶奶沒辦法，只有滿大街去找，走了好多路找了好多地方，才在一家五星級酒店裡買到一杯價格奇貴的冰淇淋，她接過冰淇淋破涕為笑，奶奶卻累得癱坐在沙發上起不來了……這時有組員指出來：「奶奶對你的愛是溺愛，勢必養成你的任性、自私和自負，覺得一切都應該順著自己來，一旦遭遇挫折，你就會受不了就會怨天尤人……」周逍紅著臉不吱聲了，後來她對我說：「柏醫師，我覺得自己就像一個標本似的掛在那裡，許多人圍著我，說這裡有毛病那裡有毛病，感覺好不舒服啊！」的確，每一次心理治療都有可能觸及到當事人的「軟肋」，這是有益處的，當然治療者和組員應注意將這種給當事人帶來的心靈觸動控制在適當的「度」以內。

在接下來的幾次小組治療中，我們玩起了各種遊戲。有一個遊戲是在房間裡擺滿椅子，讓一個人蒙上眼睛，完全依靠另一個人的口令來繞過這些椅子——這個遊戲可以觀察到一個人對於他人的信任度和自身是否具備安全感等等。還有一個遊戲叫「背上的希望」，即組員們相互在別人後背黏貼的白紙上留下自己的希望——「開始以為你很嚴肅，後來發現你風趣又有內涵，希望你永遠未完待續地怒放！」「感謝你對我們的支持和幫助，我們大家都很喜歡你！」「一到小組就認識你了。你的執著、無私和嚴謹都給我留下了深刻的印象，也讓我自嘆弗如……」透過這個遊戲，大家可以感受到彼此間的友愛和支持，許多對自我持否定態度的人可以發現原來自己還有這麼多的優點和可愛之處，從而增加對自己的信心。我們還開展了朗誦活動——一首詩，你或許能夠從中找到與自己相對應的心情，那麼你在朗誦它的時候，就像是在訴說自己的心聲，這也是一種釋放；又或者，你為了朗誦好一首詩，勢必要用心去感受詩裡的意境以及詩人的情緒。

對於憂鬱症患者來說，感受美好事物和感受他人的能力是相對缺乏的，而這個活動正好可以加強這一點……總之，無論是採取哪一種方式，目的都是幫助大家打開、認識、發現、接納自我。

在最後一次小組治療中，我為了讓大家更了解小組治療後的自己，便出了一個題目：我是什麼花？要求每個人以一種花來形容自己目前的狀態。透過大家的發言，我們都驚喜地發現大家對自我的認識更為理性、清晰和全面了。有人說「我就像一朵玫瑰，雖然好看，但總是用刺兒防範著別人，應該學會主動與人交往、交流」；有人說「我是一朵茉莉，單純、潔白，但是難經風雨，太脆弱，毫無防範也是一種不成熟的表現」；而周逍說自己「就像一朵牡丹，表面上美麗、驕傲、熱烈，但裡面的蕊是脆弱、孤獨而自卑的……」

令我印象很深的是在前幾次小組治療中，周逍一直表現得非常活躍，第一個發言的是她，張羅著什麼活動的是她，努力開導別人的也是她，但是漸漸地，她的表現越來越沉靜，在後幾次心理治療中，她甚至很少發言，總是安靜地坐在一邊若有所思。我暗自認為這時候的她才是接近真實的她。以前她總是裝出一副開朗、樂觀、能幹的樣子，似乎天底下沒有什麼事能夠讓她煩惱——那是她所希望的自己，她只認可一個這樣的自己，而對那個也有脆弱和缺點也會失敗的自己，她根本不願意去面對和接受。但是當她在治療者和其他組員的幫助下逐步卸下偽裝，一切她曾不願面對的東西會一一呈現，但同時她也會感到輕鬆和踏實，而對自我的認識和接納也會從這個時候真正開始。

周逍在小組治療結束以後不久即去一家網路公司上班，並成為了醫院最受歡迎的志工。我記得她有一次在介紹自己與憂鬱症奮鬥的經驗時說：「我知道，想徹底治癒憂鬱症還是比較困難的，但是我有信心，一步一個腳印，不疾不徐、踏踏實實地過好每一天，我一定會成為最後的贏家！」她說這些時那種平靜而堅定的表情，令我感動。

而以她的話作為本次採訪的結束，我以為，也是再合適不過。

知識連結：團體心理治療

團體心理治療（Group Psychotherapy）指治療者和患者是一對幾或幾對幾的方式，將患者集中起來進行的心理治療。

團體心理治療的適應症主要包括：

一、精神官能症或精神官能症反應，包括各種社交焦慮或社交恐懼。

二、輕度的人格障礙，特別是人際關係敏感或有交往缺陷者。

三、青少年心理與行為障礙。

四、心身症，尤其是各種慢性軀體疾病患者，旨在改善繼發的心理問題。

五、重度精神疾病緩解期，特別是社區中的康復期患者。

六、各種應激性及適應性問題。

與個別治療相比，團體心理治療具有許多優勢，這主要表現在：

在小組諮商中，其他成員的在場為某個小組成員提供了一個極為難得的機會，讓他可以在一個被保護的環境中，與同伴一道實踐一種新的相互合作的社會技巧。小組鼓勵來訪者們對其他來訪者的行為提供反饋，並就新的行為提出建議。每個人談出他得到其他成員的接納、信任、關心和幫助的感受，小組成員還要藉著這個學習接納、信任、關係和幫助他人的機會在小組內談出自己的看法。

小組不斷地對成員提出各種要求，要是來訪者按照這些要求去做，他們就能夠利用小組提供的機會來認識和改變自己的行為和態度。透過小組的各項內容。小組成員通常在幫助他人、建立和達成小組目標、尋求幫助以及反饋自身願望方面扮演重要的角色，由此也使他們逐步發展起來，這個過程促進了其行為的改變。來訪者們分享這一種對於改變的承諾、相互的支持和共同的責任。

小組治療方法提供了一個機會，使來訪者可以得到其他有著和他同樣問題或體驗的人的幫助。有幾項研究回顧了小組治療中諸種要素的有效性，其結果是，來訪者認為「看到別人正在經歷同樣的事情」是最重要的治療因素。

在快樂的背面

創傷即使被深埋心底，但從未消失
表面快樂、內心憂鬱是健康的大敵
意象對話讓你面對並接納真實的自己

本篇諮商師　朱建軍，人文學院心理系主任，著名心理學家、心理諮商與治療師。一九九三年起師從著名心理學家曾性初先生，一九九六年獲博士學位，主修精神分析。自一九八七年開始從事心理諮商和治療，創立了一門心理治療技術——心理諮商和治療的意象對話技術。

艾葭是我最要好的大學同學的朋友，認識她是在同學的生日 party 上。那天晚上艾葭無疑有些喧賓奪主，穿著大紅的唐裝端著酒杯到處找人乾杯，神彩飛揚笑語不絕。同學幫我介紹：「這是艾葭，『開心果』，走到哪裡就將笑聲帶到哪裡。」「是嗎？」我看著人群中那個活潑的身影，或許是出於一位心理諮商師的直覺吧，不知怎麼覺得眼前這個女孩子的快樂只是浮在表面的，就像是一條河，河面上倒映著藍天白雲綠樹紅花，但在那深深的河床的底部，卻沉澱著許多東西。

此後由於同學的關係，我和艾葭又有過幾次見面，那種感覺越來越強烈。有一次大家在一起聊天，記不清是聊什麼話題了，艾葭的情緒突然有些低落，我注意到她有一個動作：右手握左手，從心理學的角度解釋，左手和右手分別代表著內心的兩種衝動，右手握左手，代表的是壓抑。我對艾葭說：「你現在閉上眼睛想像一下，你的左手和右手裡分別有什麼東西？」她想了想，回答我：「左手裡有一個鉛球，右手裡，好像是一片羽毛。這有什麼意義嗎？」我告訴她：「球沉甸甸的，代表的是長期壓抑的、比較沉重的消極情緒，而鉛是一種金屬，金屬代表的是包裹著消極情緒的一副盔甲，這說明你並不快樂，最起碼不像你所表現的那樣快樂，只不過你很善於隱藏。」聽我這麼說，艾葭有瞬間的茫然，隨即很急切地反駁：「才不是呢！我想像出鉛球，是因為昨天我小侄子打電話告訴我，他在學校的鉛球比賽中拿了名次！我相信我的心理是很健康的，你這是職業病，看誰都覺得人家心理不正常！」我笑了笑，沒有再說什麼。

大概兩個月後的一個晚上，我很意外地接到艾葭的電話：「朱老師，這些天我一直在想你和我說的話，當時我根本不能接受，可能是因為我潛意識裡的一些東西被你一語中的吧。一直以來我都認為自己是個快樂的人，我身邊的人也都這樣認為，可是誰都想不到其實我有時候是很憂鬱、很怕碰到人的。像今年春節七天假期，你知道我是怎麼過的嗎？我把電話線拔了，買了一大堆零食，窩在沙發裡一直吃零食、看影片，整整七天沒下過樓！而且我常常覺得活著很無聊，做什麼都沒意思，總有一種自殺的衝動，我也不知道這是為什麼。我不願意和人打交道，但很多人在一起時，我又很快樂，倒也不是刻意裝出來的，可能那種開朗也是我性格中的一面吧，我想我性格中一定還有許多的另一面，是我不肯面對也不願接受的，所以我才常常莫名其妙地憂鬱……」電話裡，艾葭和我約好時間要認真做一次心理諮商。

艾葭的想法很對。的確，每個人的性格都不是單一的，我們更願意接受和表現那些正面的東西，比如開朗、樂觀、善良等等，而負面的東西，比如自卑、自私、暴力等等，就將它深深隱藏，可是隱藏並不等於消除，這些負面的性格以及形成這些負面性格的原因永遠存在、積壓在那裡，久而久之，就會形成心理問題。我想首先要做的，是幫助艾葭全方位地去了解自己的性格，讓她負面的性格逐漸呈現，事實上，這個呈現的過程也是一個釋放的過程。

我採用了「意象對話」的方法，所謂「意象對話」就是運用象徵性的意象誘導來訪者做出想像，以達到調節和改變其心理狀態的目的——這種方法可以有效地化解來訪者的主觀抗拒，更快地看到問題的所在。在艾葭的想像中，她性格的各個側面都化成了一個個單獨的人——

艾葭自述：我看到了好大一片草地，綠油油的，**（草地上有什麼？）**我看見一個十七八歲的女孩子，背著雙肩書包，她背對著我，正走向茂密的森林，她叫「纓子」，森林的遠處是雪山，陽光照在上面，白得耀眼，還有河流、松樹，還有一隻老黃牛在吃草！牠的眼睛又大又深，充滿了憂鬱……**（你看一看，草地上還有什麼？）**又走來了一個小男孩，叫「皮皮」，腦袋很大，歪戴著一頂棒球帽，還做鬼臉呢，很可愛，「纓子」不見了，草地上停著一輛藍色的吉普車，有一個八九歲的小女孩「樂樂」坐在裡面，拚命地按喇叭，但是她不出來，她發動車子，車子卻動不了，這時候有一隻鳳凰飛了過來，停在車子上……

我告訴艾葭，在她剛才的這段想像裡，森林代表的是她內心深處原始的部分；雪山代表的是感情的缺乏；河流代表著一種隔離；老黃牛代表著勤勞與誠懇，但老黃牛憂鬱的眼神表示她的心裡也充滿了憂鬱；「纓子」背對著別人代表著自閉與內向；「皮皮」代表她有活潑調皮的一面；「樂樂」只有八九歲代表她的純真與脆弱，待在車裡按喇叭卻不出來表示她活在自我的世界裡，沒有對外界敞開心扉，但又渴望別人的關注和關懷，車子發不動說明她充滿了駕馭不了自我、找不到人生方向的無力感；鳳凰代表的是最健康完滿的心理狀態，在這段想像裡出現表明她有達到這種心理狀態的潛能。

此後很長時間裡，我幫助艾葭進行了多次「意象對話」，隨著逐步深入，她的想像從最初的雪山、草地等比較美好的意象，變成了蛇、爛泥塘、骷髏等很醜陋恐怖的意象，這也說明她對自我的認識越來越全面和深刻。最有代表性的是在一次治療中，艾葭說她看見了一個「鬼」——

艾葭自述：我在客廳裡，家裡人不知道去哪裡了，我正在寫什麼東西，我感覺到了一個鬼，在我房間裡，在我背後，**（你回頭看看他，不要怕，他是什麼樣子？）**我看見他了！他站在那裡，看著我，長頭髮，青面獠牙，天哪！他沒有皮膚，肌肉都露在外面，血淋淋的，太可怕了！**（此時我在艾葭的描述中都能感受到那種陰森森的氣息）**真恐怖，我不敢看了，我要出去，不能待在家裡了！**（鬼的恐怖和冷酷讓人不敢接近，其實代表的是艾葭性格中自我保護很強的一面，而鬼沒有皮膚代表的是她很容易受傷，因而極度缺乏安全感。此時艾葭本能地想逃，可是她如果逃走了，就失去了一次面對真實自我的機會，於是我鼓勵她：「不要逃，不要怕，他不會傷害你的，你看著他，友好**

地看著他！」）我看著他，他也看著我，他的目光倒不兇……慢慢地溫和下來了……他的眼眶裡慢慢地充滿了淚水……（**此時艾葭和鬼對視了很長時間，這個過程是非常重要的**）我問他：「你的皮膚呢？被誰剝掉了？痛不痛？」他說是為了保護一個小孩才受傷的。（**你去和他握握手吧，給他一些安慰**）好吧，我試試看吧，我握他的手，溫柔地摸了摸他的手臂，噯，好奇怪，我摸過的地方皮膚竟然長出來了，一寸寸地長出來了！我真高興！他也很高興，笑了，我們激動地擁抱在一起……（**這個擁抱說明艾葭接納了那個鬼，也代表著她接納了那個冷漠的、沒有安全感的自我。**）

透過這些「意象對話」，艾葭逐漸認識了自己性格中的各個側面：自卑、自閉、憂鬱、無力、冷漠、脆弱、沒有安全感、易受傷害……當一個真實的、不完美的、有瑕疵的自我一步一步呈現在自己面前時，這對當事人是一個很不舒服、甚至是非常痛苦的過程，那段時間艾葭對我說得最多的是：「我受不了了！」「我怎麼會是這樣的？」「朱老師，我們換一種方法吧！」作為心理諮商師，我在這時候給了她最堅定的支持，鼓勵她：「這是一個過程，相信我，這個過程肯定會過去的，過去之後，你就能踏上一個更高的台階。」

在艾葭有能力面對自己的負面性格之後，那些曾經的她自以為已經遺忘和癒合的這些負面性格的創傷，就自然而然地不斷地「浮出水面」——艾葭對我傾訴了她人生中一些痛苦的經歷。

艾葭自述：透過這段時間的心理諮商，我也常常分析我自己，常常陷入回憶，這是我以前很不願意做的事情，也從來不願意對別人說。

我的父母，都是那種很傳統的父母，不苟言笑少言寡語，不善於表達自己對子女的關愛，現在想起來，父母還是很愛我們的，只是當時我們感覺不到。父母對子女管教極嚴，特別是對我哥哥，哥哥比我大四歲，小時候非常頑皮，還特別倔，為此挨了父母不少打。相對而言，父母對我就寬鬆了許多，我是女孩子，人也比較乖巧，有什麼好吃、好玩的都先給我，這可能讓我哥哥很嫉妒。那時候只要父母一上班，我哥哥就找碴欺負我——讓我坐在小板凳上，不准動，動一下就用縫衣針戳我；捏我的眼皮，不准哭，一哭就捏得更用力了；夏天的時候要我幫他搧扇子，稍微慢了點就是一巴掌，還嚇唬我：「你要敢告訴爸爸，我就掐死你！」我特別害怕，不敢哭、不敢反抗、不敢告訴父母，特別無助。有一次我實在受不了了告訴我爸爸，他也不在意——兄妹打架再正常不過了，吼了我哥哥兩句就完事了。我哥哥更加有恃無恐，那時候我真是恨死他了，晚上躺在床上在心裡一遍遍地發誓：總有一天我要報仇！報仇！現在我和哥哥的關係挺好的，但想起小時候的這些事心裡還是不舒服，不願意去想。

我讀小學六年級的時候，特別崇拜我的國文老師，在我心目中他什麼都好簡直像神一樣，為了得到他的讚揚，我非常努力地學習國文，所以國文成績特別好！六年級下學期的時候，我和另外一名女生經過選拔參加了國語文競賽，比賽的結果是我名落孫山，那個女生獲得二等獎，當時我很難過，不是為自己，而是覺得沒有給國文老師爭光。後來，學校裡有一位老師偷偷告訴我媽媽，其實這次比賽得二等獎的本來是我，是我的國文老師「走後門」將我的名字改成了那個女生的名字，因為那個女生是他的親戚，而在全國比賽中得獎，對於升學非常有利！我媽媽告訴我這事的時候，我真的有一種五雷轟頂的感覺，倒不是可惜這個獎，而是國文老師在我心中完美無缺的形象坍塌了，我有一種被欺騙被愚弄的感覺，傷心極了，哭了整整一夜……這件事對我打擊太大了，它讓我對人性失望到極點，再也不相信任何人了，和人相處總保持著戒心，哪怕是最好的朋友，「一朝被蛇咬，十年怕井繩」吧。

還有一件事，是我讀大一的時候，就像吃錯藥似的，不知怎麼那麼喜歡一個男生，其實事後想起來他真的沒有什麼，才不驚人貌不出象，可是越是這樣，越覺得自己很廢——連這麼一個男生都抓不住。當時我特別喜歡他，為他做很多事情：洗衣服、買飯、抄筆記……他眉頭皺一下我就擔心是不是惹他不高興了，就是那種患得患失的情緒。後來這個男孩子還是和我分手了，我幾乎要發瘋了，覺得沒有他就活不下去了，我去找他去求他，一點尊嚴都沒有了，他可能覺得我很煩吧？一開始還對我敷衍敷衍，後來乾脆躲著我，甚至說一些很難聽的話。我整天心裡空蕩蕩的，真是一天一天地撐，才將那段日子給撐過來，撐過來以後我倒不傷心了，只是非常非常後悔，我後悔自己怎麼會那樣喜歡上一個人，把寶貴的感情放在那樣一個人身上，無私無求受盡屈辱，但是我卻永遠沒有機會反擊他了！真是後悔呀！直到現在，我還常做一個夢，夢見一個男人在追我，我拚命地逃啊逃啊……

對於生命中所經歷的創傷，通常我們的第一反應就是逃避，本能地會有很多方法來逃避，也正是因為逃避，我們失去了療傷的最好時機，而讓小小的傷口成為痼疾。痛，要讓自己痛透，哭，要讓自己哭夠，只有把所有的痛苦都發洩出來，創傷才有了真正癒合的可能。對於艾葭，我幫助她透過想像一遍又一遍地回到當初讓她憤怒、傷心、難堪的情境當中，讓她在當初的情境中不再只是一個受傷害的角色，而是有力量進行反擊、有勇氣表達憤怒、有機會訴說傷心。當她在想像中終於對哥哥說出：「我和你拚了！我要咬死你！」對國文老師說出：「你知道你的所作所為多讓一個崇拜你的學生傷心和失望嗎！你根本就不配當老師！」對當初的男友說出：「我愛的，只是我想像中的你，根本就不是現實中的你！」這些積壓在心底很久的話之後，艾葭說她真正從心底感覺到了輕鬆，由內而外的輕鬆。

人是多麼脆弱，又是那樣頑強，因為脆弱我們每個人都可能存在著不同程度的心理問題，因為頑強我們都有面對和解決這些心理問題的能力。只有在全面地了解勇敢地接納一個真實的自我之後，真實的快樂、自信和力量才會降臨到我們心中，我們才能更好地了解和接納他人，更好地和他人共處。當然，這個了解和接納的過程將是漫長而曲折的，對於艾葭對於所有的人，都是如此。

一年以後，艾葭因為工作的關係遠赴美國。我在這個陽光燦爛的春天裡收到她來自西雅圖的來信：「我想，每個人其實都是一本書，不過閱讀自己要比閱讀別人更難，生活在繼續，書裡的內容會不斷豐富，那麼，對自我和他人的閱讀就不會停止。生命，將會因為這種閱讀而深厚而美麗，是嗎？」

是嗎？是的。

知識連結：意象對話

意象對話技術（Imagery Communication Psychotherapy）是由心理學家朱建軍教授創立的一種

心理諮商與治療技術。這項技術基於象形語言，是從精神分析和心理動力學理論的基礎上發展出來的。這一技術創造性地吸取了夢的心理分析技術、催眠技術、人本心理學、東方文化中的心理學思想等理論元素，透過誘導來訪者進行想像，從而了解來訪者的心理衝突，對其潛意識的意象進行調整，進而到達治療效果。

所謂的意象是指你面前沒有這寫東西，然而你能看到這種東西，但並不是我們所簡單的理解的「頭腦中想到的東西」，它有更深層的含義和原因。

因為人類的早期幾乎沒有邏輯思維，多是以形象進行思維，所以會有圖騰，有各種象徵。幼兒時人類也沒有邏輯思維，大部分是形象思維，而恰恰人們的各種心理障礙多是幼兒、兒童時期的創傷經驗影響下所形成的消極意象，後來被相似的消極意象反覆加強並高度概括後而形成的。所以認識意象、改變意象就能治癒心理疾病，解除心理障礙。

很多案例的時間結果證實了它的效用。因為在意象對話中可以得到過去缺失的東西，滿足人們各種未能被滿足的需求；可以消除不良的行為方式，學會更好的行為方式；可以消除內心深處的消極意象，建立積極的意象。

掙脫恐怖的夢魘

軀體症狀來源於十歲時受到的一次驚嚇
受驚嚇的經歷成了他擺脱不掉的心理創傷
眼動治療對於心理創傷療效顯著

本篇諮商師　鄭寧先生為心態教育指導中心主任。

週末，就要下班的時候，我接到了一通電話。

中年男子的聲音，我費了一些力氣才聽懂他濃重方言所表達的內容。

大意是他剛剛讀大學一年級的兒子，近幾年來每年都有一、兩次發病，症狀為頭痛、發燒、胃痙攣，幾乎每次發病都需要住院，但又找不到具體的病因，而且每次都是不明原因的發病，而後又不明原因的症狀消失。經當地醫院的會診，有醫生提出，可能與心理方面的原因有關，建議他去找心理治療師試試看。自此，他開始到處打聽有關的心理醫生……我在電話中問起孩子的具體情況，他說，這孩子從小學習一直很優秀，而且六歲就開始上學，現在雖然大一，但實際年齡剛剛十七歲。回想起來，這種情況大約是在孩子十歲時一次玩電腦遊戲受到驚嚇後開始的。起初症狀並不嚴重，只是有時不敢單獨看恐怖的電視劇，有時會做噩夢，後來症狀加重，開始出現了頭痛、發燒及其他症狀。

幾天後，在心理診療室裡，我接待了這位家長和孩子本人，第一印象，這應該是一個性格開朗的男孩，剛剛見面就開始調侃起來：「我叫果雲力，蘋果的『果』，雲彩的『雲』，力量的『力』，別人都叫我『果凍（動）兒』」接著調侃起自己的病情：「嘿，我的前世可能是做了什麼惹惱了老天爺的事，所以今世遭報應了。」他的父親告訴我，孩子正在一家醫院裡住院，已經是第四次住院了，而且這次的發病時間特別長，每天下午四、五點鐘開始發病，頭痛、肚子痛（胃痙攣），並伴隨著身體的不適。之後，逐漸消失。

根據家長和小果本人的訴說，我斷定來訪者的症狀，的確是由心理創傷引發的病症，而心理創傷正是受電腦遊戲驚嚇所致。對此，我建議採用一種專門治療心理創傷的特殊治療方法——眼動治療，並且向他講解了什麼是眼動治療。

眼動治療是專門用於治療心理創傷的一種有效的心理治療方法。所謂眼動治療，是指在治療中，讓患者帶著過去曾經發生的心理創傷的經歷和感受，眼睛（眼珠）隨著治療師的手指左右來回晃動，在一系列的治療過程中，使心理創傷得到醫治。關於眼動療法的作用機制，一般認為：當一種心理創傷發生時，這種創傷會與當時的場景、聲音、思想、感覺等一起被「鎖定」在神經系統中，並會在以後的生活中，觸景生情，不斷地在大腦中回放，給患者帶來痛苦。而眼動治療，就是透過反覆眼動，來刺激大腦這一自動資訊處理系統，可以解開神經系統的「鎖定」狀態，並使大腦對創傷經驗進行再加工，從而治癒創傷。這種療法最初是一九八〇年代，由美國心理醫生夏皮諾博士（Matthew D. Shapiro）首先提出的，之後開始臨床應用，在對美國越戰老兵的戰爭創傷、少女遭受性強暴、目睹親人被害等創傷後壓力症候群的治療中，取得了顯著的療效。隨之作為一種創傷治療的方法開始推廣。目前，已經成為世界治療創傷後壓力症候群的重要方法之一。在美國、歐洲和許多國家，都相繼創立了眼動治療的學會。這種療法的特點是療程短，且療效顯著，不過眼動治療一般只對一些突發、單一的心理創傷，在較短療程內有較好的療效，但對長期形成、或是反覆發生的所謂複合型創傷後壓力症的治療，就要複雜得多了。

我很明確地告訴他們，對於這種驚嚇創傷，採用眼動治療法極有可能取得不錯的效果。

我看到，小果的父親在聽的過程中，明顯有些將信將疑。我告訴他，在我這裡，已經有近百例的患者做過此項治療，效果都很不錯。他還是有些不信，擔心地問：「這種治療需要多長的時間？」我告訴他：「大約一個半小時左右。」他又問：「需要幾次？」我說：「如果沒有其他心理問題，就一次。」他一下睜大了眼睛，說道：「可是我的孩子住了這麼多次的醫院，都沒治好，你這裡就一次？」我肯定地說：「對，一般來說，這種治療就是一次。」可能也是因為實在沒有什麼別的好方法了吧，小果的父親最後很無奈地答應「好歹試試看」，反正「也花不了多少時間」。

在約定治療的具體時間上，我特意選定小果每天發病的時間——下午四點至五點之間。

兩天以後，果雲力如約來到了診所。可能是由於不放心，此次跟隨小果來的，除了他的父親，還有母親、爺爺和姑姑。並且提出，是否可以觀看，我很爽快地答應了。

治療安排在一間較大的診療室裡，小果坐在靠窗前的寬大、舒適的沙發上，我（治療師）坐在他的左側，靠門的一邊臨時搬來了一排坐椅，坐著來訪者的親屬們，診療室的接待員給他們端來了茶水。

首先，我讓小果在想像中構築一個自己心裡的「安全島」，即想像一個自己曾經歷過的美好、快樂和輕鬆的經歷，這在創傷治療中，被稱之為「穩定技術」。小果想到的是一次到海邊度假的美好回憶（在觸及心理創傷之前，讓患者尋找到一個「安全島」，是非常必要的，可以避免其重新陷入創傷感受中不可自拔）。

接著，我讓小果開始回憶那場受驚嚇的經歷。

果雲力自述：那是在我十歲的時候，我座位後面的同學說他家裡剛買了一台電腦，可以玩特別刺激的遊戲，邀請我放學後去他家玩。那個時候我家裡還沒有電腦，更沒有聽說過什麼電腦遊戲，當然很好奇很嚮往，放學以後就去了同學家。好像也是下午四、五點鐘。

記得那是一個叫「異型人」的遊戲，是同學的爸爸剛剛借來的，遊戲裡有一個外國人，黑髮、平頭、留著黑鬍子、高個子，身穿黑衣服，乾乾瘦瘦的。他在一個新房子中，躺在床上睡覺，白色的床單，白色的牆壁，屋子裡陰森森的，他在做夢，在夢裡，他的腦子被外星人打開了，外星人往他的腦子裡放了一個毒瘤……我感覺自己也成了遊戲當中的人，腦子也被打開了，我感到緊張、恐懼，身邊充滿了危險……外國男人開始發病，頭要爆炸了，他抱著頭在屋子裡亂轉，到處尋求幫助，屋子裡很恐怖，牆上掛的一張美女照片上爬滿了毒蛇……窗台上放著一個嬰兒，嬰兒變成了異型人，那個異型人太可怕了，紅色的眼睛，綠色的皮膚，身上黏黏的，不知道在流著什麼，突然之間，異型人一把伸出鋒利爪子，直衝著我抓來，我嚇得跳了起來，好像自己就要被它抓住一樣，接著，一個骷髏逃到了我的眼前，我聽到了我的同學在驚叫，好像我也在喊叫……

（講到這裡小果眼睛發直、臉色發黃、身體顫抖）

> 我的同學趕緊將電腦關掉了，我一下子癱坐在椅子上，心跳個不停，緊張、口乾，身體發飄，頭痛……
>
> 當天晚上我就發燒了，腦子裡昏昏沉沉的，不斷做噩夢，渾身大汗淋漓，被子都濕透了。以後幾乎每年我都要發上兩次病，每次發病都是在下午五點鐘左右，和我在同學家玩電腦遊戲的時間正好吻合……

在小果敘述的這段十歲所受的那場驚嚇過程中，我們了解了當時的情境，他當時的想法、感受及軀體症狀，並對此做出被傷害的等級評估。即這種傷害的感覺有多大。比如說被傷害的極限為十分，沒有傷害感是零分，以此對這次的傷害打一個分數。小果考慮了一下說是八分。

接著，我又問他：「你希望這次治療能達到什麼樣的效果呢？」他脫口而出：「能夠讓我感覺到平靜、安全、放鬆。」我說：「現在你感覺一下，比如說，聯想到你所說的到海邊度假的經歷，看看自己是不是真實地體會到了這種平靜、安全、放鬆的感覺？如果這種真實度的最高分值為七分，最低分值為一分，那你現在的積極認知的真實度是多少？」小果回答對自我積極認知真實度的評定是一分。

在眼動治療的過程中，治療的效果表現為消極感受的分值的降低，和積極認知真實度的分值的提高。

我給小果演示了眼動的方式，並且調整了眼動的速度、方向、距離。接著開始了正式的眼動治療。

我讓小果重新體會那次創傷的情景，包括當時的視覺、聽覺、想法和身體的感受，並保持住這種恐怖感，跟著我的手指的左右來回晃動做眼動……在眼睛左右晃動十幾個來回後，引導他開始放鬆、深呼吸。

眼動治療的全過程中，分為若干小節，每一小節都要求患者帶著創傷的情景或感受、或是由此引起的軀體不適反應的症狀進行眼動；之後，讓患者放鬆、深呼吸；然後，感受自己目前的狀況，再帶著這些症狀開始下一輪的眼動。

在一開始的幾節眼動小節中，小果隨著情景的重現，出現了嚴重的頭痛、心慌、呼吸急促的軀體症狀，臉色也漸漸變得很難看、嘴唇開始發白，頭上冒出了冷汗，幾乎感到有些堅持不住的感覺。我一邊鼓勵他繼續，一邊讓他給自己一個意念：想像自己正在坐在一輛火車上，那些不好的感覺就像車窗外的景物一樣，被甩到了身後，離自己越來越遠……同時我及時調整了眼動的方向和速度……

隨著一次次的眼動小節的開始、結束和又一輪的眼動小節的開始、結束，小果的軀體症狀逐漸減輕，小果所想像到的圖像情景也發生了變化，他說看到了電腦中的畫面變成了紅色，之後，又逐漸變成了桔黃色、土黃色、灰色、淺灰色，漸漸地圖像變得越來越淡……在進行到二十幾節眼動時，小果說他幾乎已經很難辨認想像中的畫面了，他的臉部表情也從難看慢慢恢復平靜，頭痛、胸悶、心慌逐步緩解，身體變得放鬆、靈活。這時候我再讓他重新評定恐怖感的分值，已由最初的八分降為兩分。

接著，我們開始後一階段的眼動，在這一階段的治療中，我讓小果開始聯想自己那一段到海邊度假的愉快的經歷，並聯繫那些所期望的積極的信念，即：我感到平靜，我很安全，我覺得很輕鬆。並帶著這種意念再進行眼動。這樣又做了七、八節眼動之後，小果對積極認知真實度的評定已增至七分。應該說這次治療取得了非常不錯的效果。

在治療結束前，因為考慮到治療會帶出其它的一些創傷，但一次治療不可能將所有的問題都處理完，我採用了「安置」技術——讓小果在意念中想像面前放著一個堅固的容器，並在意念中將這個容器打開，把治療中所聯想到的不好的那些景象、情緒、感受都盡量裝到這個容器裡，然後把蓋子蓋上、鎖緊，之後引導他在意念中，將這個容器放到一個想像中的很深的山洞裡，「安置」好……

然後我讓小果做一個全身的「身體掃描」（就是仔細體驗一下，自己的身體有什麼不適感沒有，如果有，要繼續帶著這種不適再做眼動），「全都放好了，現在我的感覺是很放鬆的」小果說。

我告訴他，治療到這裡可以結束了。接著，我向他解釋了在以後的幾天乃至一週內，有可能還會發生一些軀體的不適或是不好的情緒感受，還可能會做一些噩夢，這都是正常的，因為治療雖然結束了，但是，大腦中對創傷的再加工，還在一定程度上繼續。那時，依然可以想像自己正坐在一列火車上，那些不好的感覺就像車窗外的景物一樣，在不斷地往後飛逝，直至消失……同時可以想像自己的「安全島」中的感覺。

在治療之後的第三天，我接到小果父親打過來的電話，說他在當天夜裡又被噩夢所驚醒，醒來時渾身是汗，他於是按我在最初交代的那樣，讓自己放鬆，想像這些不好的感覺在逐漸消失……不久，他就睡著了。

一週之後，小果父親再次打來電話，告訴我小果已經去上學了。半年之後，我收到了小果發來的手機簡訊，說他已經完全擺脫了那場噩夢。

一年以後，我打電話給小果進行回訪，得知他再未發過病，生活和學習都已恢復正常，並且即將作為交換學生赴美國學習一年。他說他去美國以後，一定會替我收集關於眼動治療的最新資料寄給我。

「那我先謝謝你了！」我笑著說，內心感到無比欣慰。

知識連結：眼動治療

眼動治療是一種可以在不用藥物的情形下，有效減輕心理創傷程度及重建希望和信心的治療方法。

眼動治療的適應症：

眼動治療，全名眼動心身重建法（Eye Movement Desensitization and Reprocessing），主要是減輕那些起因於創傷性童年經驗的痛苦情緒，和幫助危機事件受害者進行心理康復。這一心理治療的對象主要是那些創傷性事件的受害者，比如：受交通事故、親人死亡、暴力攻擊、性攻擊、自然災害、人為災害、生產故事或戰爭等創傷影響的受害者，因為這些創傷事件通常會使當事者和目擊者產生諸如恐懼症、夢魘、失眠、注意力不集中、警覺性提高、創傷性經驗重現

(flashbacks) 等心理問題。

眼動治療的優勢：

眼動治療的優勢是經濟、快速、實施較為方便，效率很高。對於不明原因的創傷記憶造成的人格障礙，一般治療程序是首先找出過去的傷痛記憶來源，只要找到根源情結，使用這種療法將事半功倍——有效的治療要求在實施過程中來訪者能主動回憶創傷根源，而在災後心理危機干預中創傷相對是近期、很明顯的，不需要費力尋找，只要做好相應的誘導動作引起眼動過程，同時適時引導來訪者傾訴，就可以到達快速治療的效果。因此這一方式是進行心理危機干預的高效方法。

需要說明的是，雖然眼動有著非常突出的優勢，但是治療效果還是有個體差異的。來訪者的年齡、之前的創傷經歷和治療時效，都會影響效果。比如一個人之前沒有創傷經歷，但因車禍而殘廢，這種創傷比較單純，如果治療及時，效果會很好。如果之前有創傷，之後有經歷創傷，治療效果就會減弱，且見效很慢。對於特別小的孩子，可能沒有記憶，表達也不清楚，效果也會受到影響。另外，解離性身分障礙、雙向情感障礙（躁鬱症）和思覺失調症病人，治療的難度會很大。

還有一些人，比如新近戒毒的患者和長期藥物依賴者，以及甲狀腺疾病、心臟病、高血壓、心功能不全、視網膜剝離、眼部疼痛的患者，不適用於眼動治療。

沉默的百靈鳥

如影隨形的頭痛讓她度日如年
催眠治療層層揭開病痛癥結
童年那隻慘死的百靈鳥終於安息

本篇諮商師　鄭寧先生為心態教育指導中心主任。

一走進諮商室，她幾乎是迫不及待地向我訴說她的煩惱。她說她總是感到頭很重、很痛，好像腦子裡長了什麼東西，去過好多醫院、找過好多名醫、做過好多檢查，都說沒問題，可是她就是打消不了腦子裡長東西的念頭，有時候甚至無法正常學習、工作和休息，她覺得腦子裡的東西正在一點點地吞噬她的生命，終有一天她會無聲無息地死去……我注視著她——蒼白的臉，一雙很大卻沒有神彩的眼睛，乾澀的頭髮用一根橡皮筋隨意地綁在腦後，整個人看起來像一莖秋風中的狗尾草，單薄、孤獨、蕭瑟，又帶著一種即將枯萎的恐慌……她說了很久，最後突然像想起什麼似的說：「哎呀，說了這麼多，您還不知道我的名字呢！我叫周培蕓。」

我微笑著問培蕓：「那你記不記得是什麼時候開始有這種念頭的？或者是什麼原因引起的？」她想了想，說：「我不記得了，印象中好像自從有了頭痛的毛病之後就有了，開始只是想像而已，只不過現在越來越厲害了，具體什麼原因，我也不記得了，我自我感覺肯定是腦子裡長了一個瘤，只是那些醫生查不出來，害得我每天都生活在擔心之中。」

培蕓固執地認為她的腦子裡一定長出了什麼東西，而我出於心理諮商師的經驗卻感覺她的這種念頭一定和她過去的一些經歷有關。真正的問題，可能要更深一步的治療才能發現，當務之急，是要減輕她的擔心。我想到了運用催眠治療。

我徵求培蕓的意見，她表示同意：「只要能證明我的腦子裡真的長出了東西，不管什麼方法我都願意試一試。」不過我並沒有急著對她進行催眠治療，而是和她聊了聊天，以便她能消除對我的陌生感，建立起對我的信任感以及和我在一起時的安全感，也使我對她的性格、家庭和成長經歷有了一個大概的了解——這對於接下來能否有效地進行催眠治療具有重要的意義。

在第二次心理治療中，我讓培蕓在一張舒適的沙發上坐了下來，讓她將坐姿調整到最舒服的狀態，然後用平穩、輕柔的語調，指導她進行身體各個部分的放鬆，接著讓她根據我的指引體驗全身肌肉變重的感覺，然後我將手放在她的頭頂上，告訴她：「現在有一束陽光照進來了，照在你的頭頂上，你有暖洋洋的感覺嗎？」這些放鬆、發沉和溫暖的感覺，會使培蕓的自我意識產生疲勞感，幫助她進入催眠狀態。

要知道催眠並不是讓人睡覺，而是透過這種方式讓來訪者的意識和自我防禦、保護的能力暫時關閉起來，信任、依賴諮商師，和諮商師建立起「指令——接受」的單一聯結，這時候諮商師可以有目的地將一些健康、積極、正面的暗示植入來訪者的潛意識當中，達到心理治療的目的。

培蕓閉著眼睛躺在沙發上，面部表情十分安詳，對我的指令能夠非常順利地執行，這一切表明她已經進入了催眠狀態。我在引導她逐步加深放鬆的同時，暗示她的身體正在發生著溫暖的變化：「這種溫暖的感覺正在彌漫全身，你會有一種放鬆和舒適的感覺……你會感到自己的身體很健康……你會感到你的頭腦很放鬆、很清新，你會感到你的頭腦很健康……」為了強化這種暗示的效果，我使用了催眠後遺忘的技巧，暗示道：「當你清醒後，你可能已經忘記了我對你說的這些話……完全忘記了……但是這種舒服、清新的感覺，你能體驗得到。你會感到自己的頭腦很健康很舒服……」

「現在我將要使你慢慢清醒，我將從10數到1，當我數到1時，你就會醒來。醒來後，你可能已經忘記我們剛才做過些什麼，但是這些感覺會留在你的記憶中。好，現在我開始數數：10——9——8——」之後，培蕓完全清醒了，她真的感到了一種清新和放鬆。

第一次催眠治療就這樣結束了。

在後來的回訪中，培蕓告訴我，這段時間以來，那種擔心自己頭腦中長東西的焦慮已經減輕了，每當自己開始擔心頭腦中是不是長東西時，好像就有一個聲音在說：「你的大腦很健康。」——由此看來，第一次治療已經初步達到了效果，但是我很清楚：這只是治標，而非治本。擔心消散了，焦慮減輕了，但是，經常性的頭痛，仍舊在干擾著培蕓。

第二階段的治療開始。我決定，繼續用催眠治療來揭開引發培蕓頭痛和頭部不適的癥結。因為人們在處於清醒狀態時，總是會有意無意地運用心理自我防禦機制，拒絕接觸那些引發自己不快和痛苦的事件。但是催眠技術，則可以繞過培蕓的意識的阻抗和自我防禦機制，盡快找到她頭痛的原因並且幫助她徹底從頭痛中解脫。

不過在開始觸動那些痛苦往事之前，我先讓培蕓學習一種穩定技術，即讓她回憶在自己過往的生活中，那些讓自己開心的經歷及畫面，體驗並記住那種快樂和幸福的感受——這對她很重要，這樣就能使她在觸動那些創傷時，可以找到一個心理上的安全島。

正式揭開心理創傷的治療開始了——「現在，你正坐在一列行駛的火車上，這列火車正行駛在時光的隧道裡，你正慢慢地回到你的少年，好像看到國中時的……火車還在不停地行駛，你又好像回到了你的童年……」（停頓）

「你看到了什麼？」（停頓）

「在我家的客廳裡……客廳的牆壁上掛著一些畫，是些山水畫……我在一個角落裡……坐在小方凳上，拿著一個瓷碗在吃飯……」

「還有呢？」

「我聽見了鳥叫聲，是百靈鳥的叫聲，真好聽啊！百靈鳥是我六歲生日時鄰居家的小哥哥送給我的，我特別喜歡，天天餵牠喝水，餵牠小米粒，和牠一起唱歌……啊！媽媽來了，我不能和牠玩了，我要把牠藏起來！」

培蕓的臉上表現出極度緊張的神情，我對她說：「你媽媽的到來，會使你感到不安，你正在將牠藏起來……」

「呀！我頭痛，非常痛，不行了，好痛啊……」

此時培蕓用雙手抱住頭，身體縮成了一團，表情極為痛苦，作為心理諮商師，我敏感地意識到培蕓的頭痛一定和那隻百靈鳥以及她的母親有關係，這對她來說可能會是一次巨大的心理創傷——一下子將來訪者帶到一個心理創傷裡面，對於諮商師來說是需要十分謹慎和小心的，如果一時間造成來訪者情緒的失控和崩潰，那將是一件很糟糕的事情。我決定結束對此問題的探索——

「你現在會感到頭痛，它在提醒你盡快地遠離你不希望想到的往事，我也會幫助你盡快地離開，你會隨著時光隧道裡的火車，離開那裡……現在你正在離開，這會使你感到安全，你的頭痛已經隨著時光列車的返回，在逐步地減輕、消失……那種疼痛的感覺，已經被你遠遠地留在你的童年，你甚至已經記不起來了……你好像已經回到了那些曾經使你感到快樂、幸福的情景中……」

治療仍在繼續，培蕓的狀態，時而痛苦，時而高興，時而焦慮，時而平靜……慢慢地，頭痛隨著時光列車漸行漸遠……

培蕓從催眠狀態中清醒後，我問了問她的感受，並且交代在下一次治療之前的這段時間裡，她可能會做一些奇怪的夢，腦子裡可能會出現一些零亂的無法解釋的影像，或者身體會有一些不適，這都是很正常的現象，她不必為此感到不安。

在接下來的幾次治療中，我透過催眠讓培蕓先回到少女時代的生活中，看看那時候的生活中有什麼快樂或者是悲傷的事情，然後再到十歲、八歲，這樣一次一次，給她的心理承受力一個逐步加強的時間和空間，讓她有力量接近、面對六歲那年的創傷。

大概在第五次的催眠治療中，我讓培蕓回到了六歲……

周培蕓自述：我坐在門前的水泥走廊上，我的百靈鳥裝在一個竹籠子裡，掛在走廊的欄杆上，我把手裡的蘋果讓百靈鳥啄，又逗牠唱歌，牠的叫聲特別特別好聽，我總是將牠的叫聲想像成牠在對我說什麼話，我們在一起玩得真開心。突然，我聽見了媽媽怒氣沖沖的聲音：「吵死了吵死了！還讓不讓人睡覺！」我回頭一看，看見媽媽正蓬頭散髮地站在我身後，她很生氣，指著我的鼻子罵：「叫叫叫！逗得牠一天到晚叫個不停！大人辛辛苦苦上夜班回來，想休息一下都不行！你怎麼這麼不懂事阿你！」媽媽越說越氣，衝過來將手伸進籠子裡，一把抓起百靈鳥重重地往地上一摔！我都嚇呆了，想叫叫不出來，想哭也哭不出來。百靈鳥躺在地上，特別痛的樣子，我呆呆地看著，不知道該做些什麼，然後牠就慢慢地不動了……牠死了！我心裡糾成了一團，害怕極了，不敢上前去細細看牠……（**此時培蕓全身發抖，帶動沙發都搖晃起來**）後來母親拿來了掃帚和畚箕，將百靈鳥掃進了垃圾桶裡，我又跑到垃圾桶那裡去看，牠躺在一大堆垃圾裡，眼睛半睜著，嘴巴還張著，特別特別可憐，我心疼極了，可就是不敢去碰牠……（**此時培蕓失聲痛哭**）

那天晚上，我躺在床上怎麼也睡不著，腦子裡全是百靈鳥的叫聲，牠叫啊叫啊，叫得那麼淒慘那麼委屈，一刻都不肯停，後來我睡著了，夢裡面也聽到百靈鳥的叫聲，腦子裡亂糟糟的，第二天早上起來，我的頭痛得像要裂開來一樣……那以後我總是能聽到百靈鳥的叫聲，好像牠就住在我的腦子裡一樣，牠一定很怨我吧，所以不停地叫，讓我不得安寧，讓我頭痛……（**此時培蕓又開始哭。我靜靜地等待她宣泄完，問她：那你覺得怎麼做百靈鳥才不會怨你呢？**）我應該保護牠的呀！牠是無辜的！（**可是你還那麼小，怎麼能保護牠呢？這怎麼能怨你呢？**）那我最起碼應該幫牠好好安葬，而不是讓牠和一大堆垃圾待在一起！（**那好呀，還來得及，你去你們家的垃圾桶裡看看，百靈鳥不是還在裡面嗎？你現在幫牠安葬吧。**）是的，對呀，還來得及，我看看，我看看……牠在裡面呢，我將牠拿出來了，幫牠擦乾淨羽毛，可憐的百靈鳥！可憐的小東西！我用我喜歡的花手帕包住牠的身體，我從圖畫本上撕下一張紙幫牠疊了一個小棺材，我將牠放在了裡面，牠孤孤單單的，多麼可憐！我要在棺材上寫上：寶貝，安息吧！我將牠的小棺材放在我的餅乾盒裡，我抱著餅乾盒走到樓下院子裡，埋在哪裡呢？就埋在那棵桃樹下吧，百靈鳥一定很高興，我以前經常將牠的籠子掛在那顆樹上，我要將牠埋得深深的、深深的、深深的……好了，終於，牠可以安息了……安息吧寶貝……**（培蕓長長、長長地出了一口氣，臉上呈現出一種暴風雨過後的寧靜與疲倦，我說：好了，百靈鳥永遠地安息了，牠不會再叫了，你也休息一下吧。）**

這一次催眠治療結束後，培蕓伸了一個長長的懶腰，像剛從一場甜美的酣睡中醒來。「我覺得好舒服啊，神清氣爽！一身輕鬆！好多年沒有這種感覺了，鄭老師，您怎麼做到的？」她笑著問我，神情平靜，眼神清亮。那一瞬間，我幾乎有一種衝動，想問問她：「培蕓，還記得你小時候養過一隻百靈鳥嗎？」但我最終只是微笑不語——

就讓那些不愉快的陳年往事，永遠沉睡在歲月之河的最底部吧！

我知道，只有我知道，那隻一直在培蕓記憶深處鳴叫不止的百靈鳥，終於沉默。

知識連結：催眠療法

催眠療法（Hypnotherapy）是指用催眠的方法使患者的意識範圍變得極度狹窄，借助暗示性語言，消除病理心理和軀體障礙的一種心理治療方法。

催眠療法夫人優勢主要表現在：

一、促進個體化。

二、能夠釋放個案的創造能力、內在感覺、知覺和記憶，並將它們帶到外在現實。

三、透過催眠的回溯技巧讓個案回到過去的體驗，促進康復和整合。

四、創造了從意識心靈到無意識心靈，從內心世界到外在世界，從精神到物質的橋梁。

五、沒有威脅性，可以降低個案的心理防衛機制。

六、讓我們能夠重新解讀那被我們遺忘的語言，顯示其隱藏的資訊。

七、實現個案從「受害者」到「創造者」的轉變，激發個案的潛在力量。

八、對心理治療起輔助作用，因此是各種取向的治療師都可以運用的方法。

九、為患者提供自我探索的機會。

催眠療法的適應症主要是精神官能症及某些心身症，對於有嚴重機能性色彩的器質性疾病患者，催眠療法可作為藥物治療的一種輔助方法。

一、精神官能症。這是催眠療法最為適應的病症，包括神經衰弱、焦慮性精神官能症、憂鬱性精神官能症、歇斯底里症、強迫性精神官能症、恐懼性精神官能症等。

二、心身症。催眠治療不但能消除致病的心理因素，還能使機體病損康復。

三、性功能障礙。包括男子和女子的性功能，如陽痿、早泄、射精困難、女子性快感缺乏、陰道痙攣等。

四、兒童行為障礙。包括咬指甲、拔頭髮、尿床、口吃等兒童不良行為，兒童退縮行為，兒童過動症，兒童品德問題。

五、神經系統某些疾患。包括面部神經麻痺、偏頭痛、神經痛、失眠等。

六、其他適應症。如戒菸、戒酒、術後鎮痛、無痛分娩、減緩癌症和關節炎疼痛，改善有機體抵抗力，破壞或消除有病毒引起的濕疣和其他疾病。

第三章　藝術心理治療

有一種表達超越語言

繪畫開啟她封閉的內心世界

繪畫幫助她糾正認知，修復創傷

繪畫成了她另一種表達方式

本篇諮商師　孟沛欣女士為心理學博士，心理諮商師，繪畫藝術治療師。致力於繪畫治療的理論研究和臨床探索，對於健康人群的心理輔導和病態人群的心理康復有著豐富的經驗。

莫微實在是一位美麗的女子：白皙清秀的臉龐，一抹天然的紅唇，尤其是那雙清澈而深邃的

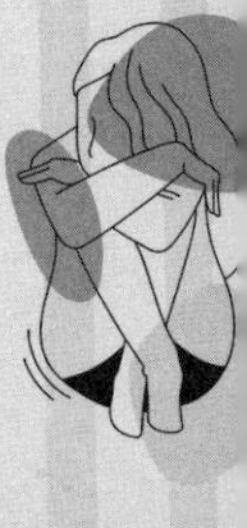

眼睛，像一汪湖水，讓人不敢久視，看久了人似乎會被吸進去一般。

莫微是一名舞蹈演員，曾在一出大型舞劇裡擔任主角。她的人生原本應該是一條灑滿陽光的坦途，只是這條路在她二十歲那年轉了一個彎。那一年莫微初戀失敗，她怎麼也走不出那場已逝的愛情，整日以淚洗面，這種情緒直接影響了她的工作，團裡的領導人決定將她調去管服裝，這讓莫微覺得屈辱和憤恨，她躲在服裝間一個陰暗的角落裡，對著大堆大堆的服裝，一坐就是一整天。她開始自言自語，有時狂笑或是痛哭，後來發展到胡言亂語，到處瘋跑，最終被家人送去了精神病醫院，經診斷她得了思覺失調症，也就是人們常說的精神分裂症。

我和莫微的相識，源於我在那家精神病院有一間繪畫治療工作室，旨在透過繪畫治療幫助那些即將病癒回歸社會的人完成心理上的康復。將繪畫運用於心理治療早在一百年前就開始了，這種療法的優勢在於它能順利地越過來訪者的抗拒，使得他們能夠在放鬆、有安全感的狀態下自然呈現一些也許他們自己都不甚明白或者是說不清楚的心理問題，使得治療師能夠以比較隱蔽的手法觸及到來訪者不願面對的創傷、或者是為社會道德規範所不容，因而難以啟齒的個人經歷，從而能夠迅速、準確地了解到來訪者的心理癥結所在，並能以「潤物細無聲」的方式幫助他們達到心理上的康復。

對莫微的第一次心理治療進行得並不順利，因為她堅持自己不會畫畫，在我的一再鼓勵之下，最終她照著工作室牆上掛著的一幅花卉臨摹了一幅畫給我。應該說繪畫治療的關鍵不僅僅是要讀懂來訪者的繪畫作品中所潛藏的內容，他（她）構思、繪畫的過程，他（她）對自己作品的解釋以及他（她）在這個過程中與治療師和繪畫內容這三者之間的互動，都是不可忽略的資訊。莫微的第一幅作品的內容自然不能說明什麼，但是這個過程卻說明了她在生活中是一個極不自信、極不善於表達自己的人。

在接下來的心理治療中，莫微在我的鼓勵和肯定之下，越來越習慣甚至熱衷於用繪畫來表達自己，儘管我在這個過程中發現她有許多方面的心理問題，但自始至終都對她充滿信心，因為我發現她幾乎所有的作品，用色都非常的明亮和熱烈，這讓我感受到她其實充滿了對美好事物和情感的渴求與嚮往，她的內心蘊藏著無限潛能——事實也證明如此。

我在這裡，挑選了莫微的幾幅有代表性的作品，來說明她心理康復的過程。

圖（1）中，莫微描繪的是戶外景象，有樹、有人，樹畫得很豐滿，但人卻畫得很小很單薄，而且人臉上沒有表情。這可以看出莫微對於人的無知，她害怕人與人之間的接觸，不知道該怎樣處理人與人之間的關係，社交方面的能力很欠缺。同時她對自己沒有認同感，她不喜歡、不重視自己，在她所有的作品中都沒有自己。

事實上莫微在公司時就是一個公認的「不好相處」的人，尤其現在剛剛病癒，她最擔心的是：我出去以後該怎麼辦？我曾經是一個瘋子，曾經住在精神病院，人家會不會看不起我？

在整個過程中，我時刻注意培養莫微的自信心，比如我會幫她換一個髮型，然後告訴她：「看起來真不錯！」我會經常對她說：「嘿，咱們倆怎麼想的都

圖（1）

是一樣啊？」她會感受到我的理解和接納，自然會想：人家孟老師是博士呢，居然也和我想得一樣，說明我並不比別人差吧？

在工作室裡，我也鼓勵莫微和別人交流，並且給她創造這樣的機會。我發現每次當她成功地與別人交流以後總是特別高興。

圖（2）是一幅題為「旅遊」的畫。從這幅畫中可以看出莫微非常喜歡大自然，但是畫中的山線條極不協調，也缺少巍峨的氣勢，像是人工的假山，這說明莫微內心很拘謹、緊張、不夠開闊。

另一方面，一個年輕女孩的畫裡，沒有異性、沒有朋友、沒有漂亮衣服……這也可以看出莫微的生活很空虛，精神世界很貧乏，同時也可以看出她面對現實世界的無力和退卻。

圖（2）

在和莫微的聊天中我得知她其實從未出去旅遊過，因為「沒有那個心情」、「提不起興趣」，所有的景致都出自她的想像。

我建議莫微和家人一起出去玩一趟，去接觸一下真正的大自然，以陶冶性情開闊心胸。那時候正是秋天，她選擇去。再來工作室的時候，我發現她的臉被風吹得紅撲撲的，人看起來精神了不少，神情也明顯輕鬆、快樂了許多，她還給每一位工作人員送上了卡片——這種主動對他人表達自己善意的行為讓我為她的進步感到欣喜。

圖（3）畫的是家，這幅畫裡原本沒有窗幔，沒有樹、花和盆景，也沒有鏡框，地板是無色的。我問莫微：「你觀察過家裡的地板嗎？是什麼顏色的？」她說：「那個顏色我不喜歡！我們家是新裝修的，我媽費了好大的力氣才裝修

圖（3）

成這個樣子。」

莫微從小和奶奶一起長大，和母親的感情很淡薄，她總認為母親不愛她。於是我借此機會來糾正她的認知：「媽媽費了這麼大的力氣裝修房子是為了什麼？是為了能夠給你創造一個好的生活環境一個溫馨的家呀！父母不會將愛時時刻刻掛在嘴上，但是我們要懂得去發現、去體會。」

我又問她：「這個家怎麼看起來有些像公眾場合？好像缺少一些家的感覺呢！」她說：「少了個窗簾，窗簾我媽還沒買呢！」「你喜歡什麼顏色的窗簾？」「紅色的！」「那你要去告訴媽媽，喜歡紅色的窗簾，要不然媽媽怎麼會知道你喜歡什麼顏色的呢？和別人交往時也是一樣，要將自己的想法表達出來，這樣可以減少不必要的誤會，促進溝通。」

我幫助莫微給畫裡加上窗幔，她提醒我：「你別將窗戶擋住了！」我問：「窗外有什麼？」她說：「有樹，好多樹。我住的那個社區特別美！」我聽她說出這樣的話來，心裡禁不住一陣暗喜——她終於開始重新注意到曾被自己忽略的生活之美，我幫她畫上了窗外的樹。

我進一步啟發莫微：「將來你也會談戀愛、結婚，和自己心愛的人擁有自己的小家，你會怎樣布置自己的家呢？」她眼睛一亮：「我會在家裡放上許許多多的鮮花、盆景還有照片！」我立即鼓勵她：「那你畫上去呀！」

這個時候，真實的家和幻想中的家界限已經模糊，透過繪畫，莫微宛如經歷了一趟溫暖的旅程，感到了一種願望達成的舒暢和滿足，她會由此產生希望和力量：噢，我將來也可以創造、擁有這樣溫馨、可愛的家——就像畫上的一樣！

在這幅畫裡，莫微描述了她的生活空間，有家、超市和教室。這時候的她，和剛接受心理治療時特別害怕回歸社會、惴惴不安的心理狀態已經完全不一樣了。她期待著出院，計劃著出院以後要去上夜間部，多學一些東西，還興致勃勃地告訴我：「出院以後我要做的第一件事就是去逛街，瘋狂購物！吃許多好吃的！」她對未來的生活充滿了嚮往。

不久以後，莫微就出院了。一個深夜，她突然打電話給我：「孟老師，我昨天做夢夢見你了，醒來之後就寫了封信給你，我念給你聽聽吧——」

莫微在電話那頭輕輕地念了起來：「……你是天使，輕輕拍動翅膀進入我的夢鄉，給我帶來清新的風，吹散了我心頭的雲翳。出院以後，我感覺自己的人生變得豐富了，我有機會可以重新活一次了，這是不是就是您經常說的成長？最重要的是，我發現自己竟然還有繪畫的才能，這讓我又多了一條表達的管道——對我而言，繪畫不是技巧，更不是附庸風雅，而是語言……」

知識連結：繪畫治療

繪畫治療是表達性藝術治療（Art Therapy）的方法之一。具體做法是讓繪畫者透過繪畫的創造過程，利用非語言性工具，將混亂的心、不解的感受導入清晰、有趣的狀態。可將潛意識內壓抑的感情與衝突呈現出來，並且在繪畫的過程中獲得紓解和滿足，從而達到診斷與治療的效果。

繪畫治療的優點主要表現在：人類是先創造圖畫再創造文字的。幼兒也是先畫圖在學會寫字的，用圖畫傳遞出的資訊自然要比語言更豐富。一幅圖畫勝似千言萬語。讀圖是最簡單、最直接地了解人的內心世界的方法，從中可以讀出畫者的性格、情緒狀態、智力、人格特點、人際交往能力，畫者的任何一個塗鴉、畫幅的大小、用筆的輕重、空間配置、顏色等都有著特定的代表意義，都在傳遞著他的個體資訊。由此可見，畫圖是最有效的直達人心的工具之一，可以透過這個方法打開人的內心，了解一個人的內心世界。

繪畫治療適應的人或病症包括：

一、不善言談的患者或疾病情況，如自閉症、失聰、遲鈍、大腦損傷、妄想。

二、對言語治療有阻擾的人或情況，如對談話療法有牴觸情緒，而其他方法均無療效的。

三、懷疑自己口語能力的人，和很難對治療師建立信任感的人。

四、繪畫治療可以治療的心理問題：飲食障礙（如食慾減退、暴食症、衝動性飲食過量）、物質濫用（如酗酒、吸毒）、性虐待受害者，等等。

在音樂中釋放心靈

一個九歲時遭受性騷擾的女孩然如何擺脫夢魘

一個自傷也傷人的母親如何造就自卑女兒

一場音樂與心理學相結合的心靈救贖如何展開

本篇諮商師　高天先生為音樂治療中心主任、副教授，在海外受到嚴格系統訓練的音樂治療學專家。

記得那一年夏天最熱的一天，我到達診所的時候，常鈺已站在門口等我，她身著一襲米色的套裙，頭髮用大髮夾一絲不苟地夾在腦後，肩背著一個咖啡色的小皮包，看起來和街頭隨處可見的年輕女孩沒有任何不同，只有她的目光，在和我的目光相碰時有一些躲閃，那種別樣的憂鬱，洩漏出她的心事。

常鈺自述：我的童年是在鄉下度過的，我出生沒多久，父親和母親就離婚了，我到現在都不知道他們離婚的原因，關於父親的事母親從來隻字不提。但是長大了以後我能猜到父親可能是為了另一個女人離開母親的，因為母親每每看到那些打扮時髦、舉止輕浮的女孩子，都是一臉鄙夷的神情。

母親和我相依為命，她是個不苟言笑的人，對我管教非常嚴，我一直都很畏懼她。九歲那年，我讀小學三年級，數學老師是個四十多歲的中年人，因為我是數學課小老師，所以和他的接觸就比別的同學多一些，他總是說他喜歡我，然後對我做一些事情……我不想提這些，總之就是我們現在說的「性騷擾」吧，那時候我真的什麼都不懂啊，總覺得老師這樣做是喜歡我，不敢有拒絕和反抗。這樣的事情發生了很多次，後來被人發現了，那個老師被判了刑。

我的母親知道這件事後非常傷心，她整整一個星期不吃不喝，常常一動不動地看著我，那種目光就像要把我殺了似的，她一遍又一遍地說：「我怎麼生了你這麼一個不要臉的女兒啊，真是自己打自己一大耳光。」那時候我真的太小了，聽見母親這麼說，而且還有一個人因為我做了牢，就覺得自己一定是天底下最壞的人了，非常非常自卑和無助，再也不敢和異性說話，母親從此也對我非常冷漠，甚至有一種仇視。

我母親繼承了一套我祖母留下的房子，這樣在我十二歲的時候，母親帶著我來到新環境，換了一個環境以後我放鬆了不少，但母親似乎一直不肯放過我，有時候看我心情不錯，她就會冷不防的冒出一句：「你還笑！笑什麼笑？你哭的日子在後頭呢！」所以我雖然離開了那個帶給我噩夢的地方，但因為母親的一再提起，我一直無法擺脫童年的陰影。在我心底，母親慢慢變成了那個噩夢的化身，讓我覺得噁心、憎恨又沒有力量反抗。那樣的日子，真的是每一天都生活在地獄裡，暗無天日、倍受煎熬，我沒有任何朋友，也沒有嘗試過去和人交往，因為我認為不會有人看得起我，所有人都有可能傷害我，我將自己封閉得嚴嚴實實，像一枚密不透風的繭。

就這樣我孤獨地從國中到高中到大學再到工作，一轉眼就成了大齡女，童年發生的那些事像魔咒一樣糾纏著我和母親，我不敢和異性交往，而母親什麼時候想起來就會罵我一頓，那種刻薄的話真不像是一位母親對女兒說的，每天我都會早早出門，下班回到家就躲在自己的房間裡不出來，避免和她有正面接觸。我知道我們辦公室的人都覺得我脾氣挺古怪的，說實話我也很討厭我自己。

今年年初，我們辦公室新來了一個男孩子，他說他喜歡我，對我很好，我是第一次體會到異性帶來的那種微妙又甜蜜的感受，但我不知道該怎樣去面對，童年往事時刻威脅著我，但我不忍心就這樣眼睜睜地看著一份真情從身邊溜走，我已經二十九歲了，難道還要這樣孤獨而痛苦地去過一輩子嗎？後來母親知道了這件事，她劈頭就罵：「你還想結婚？你這樣不乾淨的女孩子，沒有一個男人會要你！」當時我氣得渾身發抖，真想衝上去掐死她！從那以後我經常有掐死母親的念頭，有時候夜裡睡不著，便走到她的房間裡，看著她熟睡的臉，有好幾次我的手都已經碰到她的脖子上了，可我畢竟還沒有瘋，知道這是我相依為命的母親，她曾經很疼愛我，一心希望我出人頭地為她爭口氣，那些事毀了我，也毀了她，我們都是受害者，我好怕自己有一天真的瘋了，那時候我就沒法控制自己會幹出什麼事來，我真的感覺自己快瘋了……

常鈺的故事沉重而壓抑，和許多在童年時期受過精神創傷的人一樣，她始終沒能走出往事的陰影。我想此刻最重要的，是讓她能將往事帶來的痛苦和對母親的憤怒發洩出來。

第一次治療，我選用了一組舒緩憂傷的音樂，在對常鈺進行催眠後（人在被催眠時對音樂的感受性會大大強化，並容易在音樂的刺激下產生豐富的視覺聯想），我開始引導她進入音樂背景下的自由聯想：「想像一下，你現在走在一條小路上，路的一邊是一片湖水，另一邊是一片樹林……」她很快進入了狀態——

我走在小路上，我看見了一隻潔白的鴿子在自由自在地飛翔，真美啊，我很高興，我也飛起來了，但前面卻是一片黑暗，伸手不見五指，我很害怕，想掙扎，心口發緊，覺得心裡有一個疙瘩，太難受了，我想哭……**（此時常鈺失聲痛哭，哭得很傷心，等她哭完了我問她：「那個疙瘩還在嗎？」）**還在，我覺得它就是我的敵人，它在我就過不了好日子，我要殺了它，它就是我母親，我恨她，可我擺脫不了她，只能承受，我怎麼辦呢，沒有人來幫我，它像一塊大石頭壓在我身上，我動不了，快喘不過氣來了，高老師，你幫我搬走吧，求求你……**（對於這種請求，通常我只會說：「你自己想辦法搬搬看，來，從音樂中去尋找力量。」因為如果我幫了她，可能她的心情暫時會好一些，但起不了治療的作用。此時我換上了優美恬靜的音樂。）**我舒服了一些，我又看見了鴿子，**（我問常鈺：「你想不想過去摸摸牠呀？」）**我想，可是我過不去，它在陽光下，不屬於我，屬於我的只有黑暗，它像一個無盡的深淵……**（由於此時治療已近尾聲，我不想讓常鈺在這種難受的狀態下結束，於是我說：「你想像一下，音樂像一隻小船，它將你托了出來，帶到鴿子飛翔的地方去。」）**我出來了，我向鴿子走去，牠真美啊，牠的小腦袋依偎著我，好乖……

治療結束以後，常鈺說她心裡舒服多了。一週以後，第二次治療，我選用了一組情緒起伏較大的音樂，這一次常鈺的想像和上一次有了一些不同，充分顯示了她對母親愛恨交織的矛盾心態。

> 我站在高山上，下面是空曠的丘陵和平原，一棵樹都沒有，我很害怕，心口發緊，像藏著一座火山，要是能爆發出來就好了……我想怒吼想奔跑……我看見了母親，她掉在一個深深的峽谷裡面，看起來很渺小很可憐，我不忍心傷害她，可是誰都能傷害我，我恨她，但是我又愛她，因為她是我母親……**（此時常鈺大哭）**我想去救她，我不能失去她，因為那樣我就沒有親人了，我恨她，我怕她，我特別需要人愛我，誰也不愛我……

在進行第三次治療之前，常鈺說她這一星期心情似乎比以前更糟了，看誰都不順眼，總想發火。我告訴她這是因為以前她總是壓抑著自己，現在透過想像和回憶，心底的痛苦和憤怒又全都被勾起來了——心理治療進行到一定階段時就會出現這種現象。

在陸續又經過了幾次治療以後，常鈺壓抑的情緒逐漸得到了釋放，心情隨之變得輕鬆，和母親的關係也緩和了下來。她說：「唉，反正她也是個老人了，用不著去計較，她說什麼我就當聽不見好了。」這時候我嘗試著想讓常鈺去直面童年的創傷，接下來的治療中，在對她進行催眠以後，伴隨著音樂，我開始引導她：「你現在走在一條小路上，這是一條通往童年的路，你現在九歲……」

我看見了白楊樹，還有明亮的陽光，晃得眼睛痛，我感到緊張，我慢慢地走著，希望這條路永遠走不完，我看見了學校，我很緊張，我還看到了同學們，我不想再看到這些了，我心裡很悶，我噁心，受不了，我想逃跑，受不了了，不能想了，不能想了……

（此時常鈺從催眠狀態中自動清醒，想像中斷。）

常鈺對童年的那段經歷本能地抗拒，此後我又做了幾次引導，但每次回憶到學校，她就不肯進行下去。於是在她清醒的狀態下，我對她說：「你一定要敢於面對童年的那段經歷，要相信那不是你的錯，你用別人的罪惡來折磨自己想折磨到什麼時候？也許我是這個世界上唯一可以聽你傾訴的人，你不要錯過這個機會，你講出來，把這些記憶交給我，然後開始你今後的人生。」在我的一再鼓勵下，常鈺開始了回憶——

常鈺自述：那個數學老師，他的老婆在鄉下，所以他是一個人住在學校的單身宿舍裡。他總是以各種理由，比如要給我講解數學題、讓我送作業本或者是向我了解其它同學的情況等等，將我叫到他的宿舍裡……他脫掉我的衣服，親我，摸我，一邊摸一邊對我說：「你們班那麼多學生老師最喜歡你了，你別怕，你還小，還沒有發育，老師不會對你怎麼樣的……」他還脫掉他的衣服，教我怎樣摸他，那是我第一次看到異性的身體，覺得非常的恐懼和噁心，從那以後直至今日，我什麼時候想起異性的身體都覺得噁心極了……

那時候不像現在，很多性方面的知識透過電影和電視劇就可以了解，學校裡還有專門的課程，我母親又特別傳統，從來沒有和我提過這方面的事情，所以我不知道那個人的行為對我意味著什麼，雖然心裡隱隱約約有些知道這樣是不好的，但我不知道可以告訴誰，同學、老師、母親，都沒辦法講，我怕得要死，每次那個人說：「你到我宿舍來一下。」我就怕得渾身發冷，又不敢不去，那時候太小了，總覺得老師是權威，是不可反抗的。

後來有一次，在那個人的宿舍裡，他忘了關門，結果被一位來串門的老師撞見了，事情鬧得很大，那個人被抓去做了牢，他老婆跑到學校裡罵我「這麼小就知道勾引男人」，我想那時候可能很多人都這麼認為的吧，同學不理我了，老師們嘴上不說，但那種目光讓人受不了，想想也是，如果自己的母親都不能理解你、保護你，又怎能奢求別人呢？白天，我不敢哭，晚上，我就蜷縮在被窩裡哭，又怕母親聽見了會罵，就咬著嘴唇，第二天早晨我的眼睛像兩個桃子，嘴唇下面一道紅印子……

現在想想都覺得奇怪，那些日子，一天一天我是怎麼熬過來的呢？太恐怖了。記得那時候我常常做的一件事情，是將一條絲巾纏在脖子上，然後抓住絲巾的兩頭用力勒，能體會到貼近死亡的快感……

回憶是如此的令人不堪承受，但常鈺在講述的過程裡卻越來越從容自如，我至今還記得她講完後如釋重負的面容。她微笑著說：「多少年了，這些事情被我拚命地壓在心底，我使盡渾身力氣，不讓它抬頭，不讓它和我面對面，結果搞得自己身心俱疲面目全非，現在我終於將它吐出來了，輕鬆多了，舒服多了！」

在之後的幾次治療中，我選用了一組明朗、昂揚、堅定的音樂，來強化常鈺的積極情緒體驗，把她的自我感覺推到最佳狀態，這就是心理學中所謂的「高峰體驗」——

快下雨了，電閃雷鳴，快下雨了，我真痛快，快下吧，我站在平原上，讓大雨將我全身淋濕，哈哈……**（此時常鈺開始笑，非常開心）**雨停了，天空真透明，讓人心曠神怡，鮮花開了，我又看見了鴿子，牠站在沾滿雨水的草地上，歪著頭看我，我不想做鴿子，我是大獅子，我心口的疙瘩還在，我一爪子將牠撕了下來，咬碎了，吞到肚裡去了，牠們全變成了小螞蟻，我一腳就能把牠們踩死，（**常鈺又笑了**）我看見母親了，她滿頭白頭髮，母親也可憐，我不怕她了，不恨她了，我原諒她吧，我是獸中之王，我是善良的大獅子，我不怕了……

最後一次治療結束後，常鈺向我道別：「高老師，謝謝你，我想以後我不會來找你了，我們可能再也見不著面了，送我幾句話吧，行嗎？」我想了想，告訴她：「每個人都有自己的過去，每個人的過去裡都有不堪回首的部分：失敗、傷害、痛苦，甚至骯髒、屈辱……我們可能沒辦法也沒必要將它們遺忘，但我們可以對它們——釋然。學會和自己和解，學會接納自己，學會欣賞自己——這是人生最為重要的功課。」

除夕之夜，我接到常鈺打來的拜年電話，她說她在那個喜歡他的男孩家裡——「幸福來得這樣不容易，這麼晚，我要把它牢牢抓住，再不放手了！」話筒裡，傳來了常鈺開心的笑聲和此起彼伏的鞭炮聲。

知識連結：音樂治療

關於什麼是音樂治療（Music Therapy），最為權威的定義應屬美國著名音樂治療學家、前美國音樂治療協會主席。Temple大學的教授布魯西亞（K.Bruscia）在他的《音樂治療定義》一書中所定義的：「音樂治療是一個系統的干預過程，在這個過程中，治療師利用音樂體、體驗的各種形式，一級在治療過程中發展起來的、最為治療的動力的治療關係，來幫助求助者達到健康的目的。」

關於音樂治療需要強調的三點：

一、音樂治療是一個科學的系統治療過程，在這一過程中包括了各種不同方法和流派理論的應用，而不是像有些人誤解的那樣，以為音樂治療僅僅是一種簡單的療法。

二、音樂治療運用一切與音樂有關的活動形式作為手段，如聽、唱、器樂演奏、音樂創作、歌詞創作、即興演奏、舞蹈、美術等。

三、音樂治療過程必須包括音樂、被治療者和經過專門訓練的音樂治療師者三個因素，缺少任何一個因素都不能稱其為音樂治療。沒有音樂參與的治療過程不是音樂治療，因為在音樂治療中，音樂是一個基本的因素，音樂治療正是透過音樂的人際／社會作用，生理

／生物作用和心理／情緒作用來達到治療的目的。這裡需要指出：沒有經過專門訓練的音樂治療師介入的任何活動，都不能稱其為音樂治療。有些人在商店裡買一些所謂的「音樂治療CD」回家聆聽的做法也許對身心有一些放鬆的作用，但這不能被稱其為音樂治療，因為這裡沒有音樂治療師的介入，也就沒有治療師與患者治療關係這一關鍵動力因素存在。

音樂治療目前被應用於很多方面，如精神病（思覺失調症、憂鬱症、躁鬱症）、老年病（如老年癡呆症）、兒童病（如兒童癡呆症、生理和智力的殘疾和發展障礙、學習障礙等）、戒毒、婦科分娩及外科手術的減痛、體育及藝術表演人員的臨場緊張狀態緩解、學生的考試焦慮緩解和正常人的其他心理治療等。

誰來呵護你的童年

壓抑的憤怒嚴重影響他的人際關係

童年經歷對性格的作用力不可低估

舞動治療幫助他重新建立自信

本篇諮商師　伏羲玉蘭女士為加拿大心理治療師，美國舞動治療協會高級治療師、督導和專業顧問。

作為一名心理醫生，一個經常在別人的內心世界裡進進出出的人，我發現很大一部分人所遭遇的心理問題都和自己童年時期的經歷有關。的確，因為年幼，因為弱小，也因為還沒有學會準確表達自己內心複雜的感受和渴望，童年往往成為一個最容易被人忽略、被人傷害的時期，這些在當時無力抗議和避免的忽略與傷害，就像一個神祕的咒語，在許多人漫長的一生中，持續發揮著它無法預知的影響力。

我在這裡要說的，是林森的故事。

第一次見到林森，他穿著一件裹得嚴密的咖啡色風衣，冷漠而游離的眼神，腳上一雙笨重的牛皮靴一下一下重重踩在我家的地板上，我的腦子裡不知怎麼閃過一個詞——坦克，他真的是如「坦克」一樣讓人聯想到戰爭、戒備森嚴、一觸即發之類的情境。我深信一個人的言談舉止、一顰一笑都是他（她）整個人生的外在紀錄，林森的外表向我表明：他是一個內心極度缺乏安全感，富有攻擊性的人。我立即為他空出地方，溫和地問他：「你想坐哪裡？隨便坐。」然後再為他遞上一杯溫水。我所做的是想向他傳達一個重要的資訊：你完全控制得了這個地方，在這裡你不需要防備。當然對於林森這樣自我保護很森嚴的人，一上來就和他進行心靈的對話幾乎是不可能的，於是我只問他：「你願意和我說些什麼呢？」

林森自述：我和你說什麼呢？因為我自己都不知道自己是怎麼回事，我就是一天到晚滿心怒氣，看誰都不順眼，做什麼都不順，和主管、和同事、和女朋友，都搞得一塌糊塗。

不瞞你說，我到現在已經換了七間公司了，都是因為人際關係搞得特別僵，待不下去。其實每去一個公司我都特別希望能和同事打好關係，但一旦在工作中遇到分歧和衝突，我不知怎麼回事，就是無法控制自己的情緒，總覺得自己的位置和尊嚴受到了威脅，特別害怕自己處於被動，於是總是先發制人，結果芝麻蒜皮的小事被鬧得很大，這樣的次數多了，用不了多久，我就將同事得罪光了，別人都認為我是一個很蠻橫的人。我再待在那個環境裡，聽著那些人的說話聲、笑聲，就有一種要爆炸的感覺，恨不得衝上去揍他們一頓。他們越是孤立我，我越是氣憤，就越是容易產生矛盾，這樣惡性循環，最後只能離開，這使得我的工作剛剛有了一點基礎又得重頭再來。

交女朋友也是一樣，女孩子通常都有些小脾氣，我哄一遍不行，哄兩遍不行，火氣

「噌」的一下就上來了，一甩手揚長而去，愛怎樣怎樣吧，我傷害過許多我喜歡的女孩子，事後又特別後悔。

我這種脾氣已經嚴重影響了我的生活和工作，再這樣下去我這輩子就全毀了，所以我才來找你，我想弄明白，我的這股無名之火是從哪來的？

林森在講述中還多次提到自己經常「後頸痛」，在人體心理學中，「頸痛」代表的是被壓抑的憤怒，很顯然，這種壓抑的憤怒已經構成他人際溝通的障礙，那麼正如林森自己所困惑的——這種憤怒是從哪來的呢？我問他：「你可不可以跟我講一下你從小到大的經歷，好事壞事都要講。」也許在一般人看來，所謂的「壞事」是造成心理問題的原因，但事實上「好事」和「壞事」都是一個人心理成長不可或缺的部分，一個健康平衡的人生一定是苦樂參半成敗交替的。透過和林森數次深入的交談，我發現形成他易怒暴躁的性格的根源在他的童年。

林森自述：別人想起童年，可能都是一些快樂溫馨的事情，可我最不願意想起的就是童年，記憶裡面最多的是父親青筋畢露的臉、高高揚起的拳頭和母親似乎永遠是眼淚汪汪的眼睛。

記得有一次，是晚上，我們都睡覺了，父親和母親不知道為什麼吵了起來，父親揪著母親的頭髮，將她拖到客廳裡，用腳一下一下地猛踢，姐姐拚命抱住父親的腿大喊：「爸爸！你不要再打媽媽了！」我站在一旁嚇得大哭。父親直到打得精疲力竭才住手，母親一動不動地躺在地板上，姐姐和我去拖她，她突然抓住我，歇斯底里地搖晃著我，她說：「兒子，媽媽告訴你，你千萬要記住，將來有一天我死了，一定不要將我和你父親葬在一起！」一直到現在我都能感受到從母親眼睛裡透出的絕望和恨意。

父親不但打母親，也打我和姐姐，只要我們犯了一點小錯，比如吃飯時將筷子掉在了地上，或者什麼錯也沒犯，只是他心情不好，就會招來一頓打。最讓我委屈的是有一天夜裡我夢哭，父親被吵醒了，不分青紅皂白就抽了我兩巴掌，我被抽醒了，迷迷糊糊的還不知道怎麼回事呢。那時候只要父親出差了，我和姐姐就高興得不得了，覺得每天都像過年一樣，他一回來，我們就得小心翼翼躡手躡腳地過日子，盡量不在他的眼皮子底下晃，可惜他出差的機會並不多，所以我的童年都是在壓抑和提心吊膽中度過的。

在我慢慢長大以後，我從一些親戚的口中陸陸續續知道了父母親的一些事情。大概就是母親以前有過一個戀人，是她在工廠裡的同事，兩人感情特別好，但我奶奶嫌棄那個人家是南部人，弟兄又特別多，一定要將我母親嫁給我父親，因為我父親是獨子，家庭條件好，我母親一直不願意，直到結婚的那一天，迎親的車都到門口了，我母親還不停的哭，就是不肯上車，後來我奶奶說：「你今天要不跟人家走，我就死在你面前！」這樣我母親才不得不上了車，讓我父親很沒面子。我母親人是嫁過來了，但總是魂不守舍的，我父親最恨這一點，據說他們結婚剛三天就打了一架。我母親懷我的時候，父親有了別的女人，經常將那個女人帶到家裡來吃住，我母親特別痛苦，天天哭天天鬧，但一點用都沒有。

我十五歲那年，身高已經有一百七了，長得很壯。有一天我因為和同學去踢球，回家晚了，一到家，父親抓著一個茶杯就砸了過來，當時我同學還在呢，我實在忍無可忍了，衝過去和他對打了起來，我力氣很大，父親打不過我，我當時只有一個念頭：今天非替全家人報仇了不可！最後是母親把我們拉開了。從那以後我父親就揚言：「我只當你死了，沒有這個兒子！」我以為自己替母親出了口惡氣，但母親在父親一年年的打罵和冷落下早已變得軟弱而麻木，私底下她常常流著淚埋怨我：「你看看，跟你父親弄成這個樣子，這個家怎麼過下去？」那時候，家對我來說真是可有可無了。

第二年，我參加了考試，考取了外地的一所高職，其實當時我的成績是可以讀高中的，但我想早些自立早些脫離那個家，所以在填志願時一口氣填的全是高職。

現在，我出社會工作了，父母親也老了，有時候想想他們那樣挺心酸的，偶爾我會

回去看看他們，一種責任吧，談不上什麼親情了……

通常，我們了解一個人的生命歷程總是從一歲開始，卻往往忽略了「胎兒」這個時期，事實上已有科學研究表明：一個在相親相愛的氛圍中孕育的胎兒，和一個在痛苦壓抑的氛圍中孕育的胎兒，他們日後的性格是有區別的，比如前者開朗自信、後者內向膽小等等。林森從胎兒時期開始直到成為一個少年，一直生活在壓抑暴力的家庭氛圍中，長久以來積壓的憤恨已經融進他的血液浸透他的神經系統，影響著他的處事能力和思維方式。

當務之急，是給林森一個釋放憤怒的空間，因為無處釋放的結果是造成他到處釋放。我對他說：「從現在開始，你忍不住想發脾氣時，不用再對同事和女朋友發，因為他們不是心理治療的專業人士，他們沒有這個責任和義務，他們對你提供不了幫助，而且那樣對他們也不公平，你可以到我這裡來發脾氣，我能無條件地接受你。」在以後的心理治療中，我訓練林森學會用動作表達釋放自己的情緒，我問他：「當你怒氣衝天的時候，最想做的動作是什麼？」他想了想說：「雙手抱著頭大吼。」我說：「那好，在我這裡你可以做這個動作，不要有顧忌。」這樣幾次下來，林森在公司裡遇到不快時，他就會想：現在先忍一忍，反正星期四我可以去伏羲老師那裡發洩。當然，這種做法同時會形成他對我的依賴——並不是所有的心理治療都允許有「依賴」這個過程，但對於林森這樣受過深度精神創傷的人來說，應該允許他們有一個從依賴心理醫生到依賴自己的過渡。

為了幫助林森盡快完成這個過渡，我要求他每天早晨去公園裡快步走，走到渾身發熱、心跳加快，一邊走一邊注意觀察自己的想法和感覺，觀察周邊的風景和遊人，觀察到的內容和細節越多越好，然後記好筆記，每個星期來治療時向我詳細描述。這樣做的目的是讓他在情緒激動時，能從自我的情緒中跳出來，因為他只有從自我的情緒中跳出來，才能更好地觀察自己和他人，才能拓寬眼界，客觀地面對和分析所面臨的問題，改變自己鑽牛角尖的思維方式。經過一段時間的訓練，林森控制自我情緒的能力和客觀能力都得到了非常明顯的提高。

接下來要做的是強化林森的人際溝通能力，這就得樹立他的自信心，因為只有一個對自我具備了一定的信心、對所處的環境具有一定掌控能力的人，才有可能平心靜氣地與別人溝通，對人友善和寬容——很難想像一個內心時刻缺乏安全感的人會對他人友善寬容。我選用了許多有力、威嚴、大氣磅礴的鼓樂，讓林森踩著鼓點跺腳，以建立他的身分感，從而建立起他的自信心。並且讓他多做上下動作，以強化他腳部的力量感——健康有力的雙腳會讓他感到心裡踏實，可以緩解他內心莫名的無助和恐慌。

最後，我告訴林森：「人與人之間的關係向來是微妙複雜的，即使你換一百個公司也是如此，逃避不是辦法。但只要能做到三點，你的人際關係會得到改善。第一，感到不快時，立即深呼吸，將不好的情緒吸進腹部，而不要讓它衝到頭頂；第二，遇到衝突時，就事論事，不要將眼前的事和以前的事或其它的事聯繫在一起，新帳舊帳一起算，這樣只會越算越氣；第三，樹立一個正直善良的為人標準和互敬互惠的處事準則，按照自己的原則去做，至於他人如何不去強求，以平常心對待。」

對林森的心理治療歷時一年之久，但更漫長的自我調整和自我完善之路要靠他自己去走，我不知道他現在生活得好不好，但我忘不了他和我告別時說過的一句話：「我一定要照您說的去做，徹底改掉這種壞脾氣，不能讓我將來的孩子有一個像我那樣的童年。」

是的，如果將人的一生比作一棵大樹，那麼童年的這部分就是它的根，直接影響著這棵樹的長勢和高度。也正是因為這樣，每對夫婦在決定孕育新生命的時候，不僅僅要做好物質上的準備，更要做好心理上、精神上的準備，要審視自己的心智和人格是否成熟，是否具備給即將誕生的孩子營造一個愉悅、溫馨、充滿安全感的家庭氛圍的能力——這是至關重要的。

知識連結：舞蹈動作治療

舞蹈動作治療（Dance Movement Therapy）是以人體表情與動作的心理治療功能來平衡統一身、心、智和社交功能的現代康復專業與健康學科。這門專業學科綜合人體表情藝術、心理治療學、身心治療學和動作分析學，系統地舞動人性裡的健康本能，來治療心理、情緒、行為和人際溝通等發面的創傷和障礙，進而提高自我意覺，改善應事能力，促進能力發揮。

舞蹈動作治療有三個特點：

一、以身體為主要的治療媒體，體驗為主要程序，配合思想和行為的調整。

二、科學地應用非語言及動作技巧，直接激發生命力和適應能力。

三、透過動作的平衡改善，直接修補、糾正成長經歷中的創傷或障礙，並重新建立健康行為。

舞蹈動作治療的方法特殊，在於其身體與心智並重、語言與非語言兼用。而且以啟動人性的健康潛能為主，不偏重與處理病狀問題。它透過調和、參與、引導和合作的動作方式來處理意識和潛意識、語言和非語言、前語言及無法言傳的身心行為障礙，這種療法擅長調動人性的內在動力，從根本改善心智行為，不僅局限於消除、減輕或壓抑症狀。

舞蹈動作治療的主要效用體現在五個方面：

一、情感調理。幫助個人對情感心智的知覺和平衡，進而建立自覺、自信與自主能力。

二、行為健康。引導個人建立行為上的自發與控制力，並建立有益於健康生活的行為選擇與方式。

三、物我關係。幫助個人強化自我容受力、社會良知、界限感和溝通能力，能與客觀的外界人事建立積極有效的互惠關係。

四、成長過程中的心理需求。幫助修補個人成長時期所缺失的心智發育需求，或治療糾正成長過程中的創傷或障礙，幫助個人建立與年齡相應的自我形象、行為類型和性別身分感。

五、心智精神的提高。輔助個人心智精神潛力的發展和應用，以提高生活品質。

當你站在這舞台

室友認為她不好相處而排斥她
她認為室友是聯合起來孤立她
演出心理劇讓室友和她都學會了換位思考

本篇諮商師　聶振偉心理學教授，心理諮商中心主任，青少年心理研究專家。

最先來找我的，並不是蘇黎本人，而是她的班導師。在班導師的眼裡，蘇黎是一個孤僻、不好相處的女孩子——「她們宿舍裡的同學三天兩頭找我，說不想和她住一個宿舍，可是我作為班導師不想這麼做，那樣挺傷人的不是嗎？但是我實在沒有什麼好辦法來化解她和宿舍其他同學的隔閡，所以才想到來找您。」

後來我便見到了蘇黎，那是一個看起來格外文靜、溫婉的女生，說起宿舍裡的事情，她滿腹委屈。

蘇黎自述：我知道她們都說我孤僻，其實我以前性格不是這樣的，是自從搬到這個宿舍後，慢慢變成這樣的。也不知怎麼回事，從一開始我就看不慣她們——吵吵鬧鬧、瘋瘋癲癲、自以為了不起、愛貪小便宜……她們肯定也看不慣我吧。我有一種什麼感覺呢？就是覺得她們幾個人聯合起來孤立我，故意和我作對，讓我在宿舍裡根本就待不下去。

比如有一次我咳嗽，去買了一袋梨，回來後放在宿舍的桌子上，就去上自習課了。結果我上完自習課回來，那袋梨只剩下一顆了，其中一個女孩還好意思對我說：「不知道是誰買了梨，還剩一顆了，你要吃嗎？」氣死我！

我倒不是心疼那梨，我是恨他們不懂得尊重人，可是我又不好說什麼，說重了吧，人家會認為你小氣——一袋梨能值多少錢，有必要這樣嘛！可是不說吧，我心裡又特別不舒服，什麼時候想起來都不痛快。

還有，我最反感的是她們一點都無所謂，我的床位是靠在門邊的，她們夜裡起來上廁所經常不關門！要麼就是特別大聲，「噹啷」一聲，我睡著了也被吵醒了！和她們說過好幾次，她們還是改不了。

而且她們有時候故意氣我，只要我在宿舍裡她們幾個就有說有笑的，我一個人在一邊特別尷尬，所以現在基本上我只有晚上睡覺才會宿舍，平時都在教室或圖書館裡耗著，不願意看見她們，一看見就煩……

在一個人漫長的求學生涯中，有很大一部分時間將在宿舍裡度過，因此擁有良好的宿舍人際關係無疑是極其重要的。我很能理解蘇黎的感受。

我向蘇黎推薦了心理劇療法。心理劇是團體心理輔導的一種方式，它以表演者再現生活中怎樣處理矛盾、問題的形式，透過情境自我思考、相互啟發。在表演過程中，表演者的人格特點、處理人際關係的方式、心理衝突和情緒問題逐漸呈現於舞台，達到情緒宣泄、消除精神上的壓力和自卑感、誘導其主動性的目的，使主角和其他參與者從中了解現實生活中的自我，引發其內在動機，來解決自己的問題，強化自己適應環境和克服危機的能力。因此心理劇注重的是自發性、行為性和即興性。

我首先要幫助蘇黎的，是讓她能夠釋放出孤獨、無助的情緒，並能激發出她的內在力量去面對所要解決的問題，而不是逃避。

我給了蘇黎一些各種顏色的布，讓她借助這些布來表達出自己被孤立的感覺。她想了想，選了一塊和地板顏色一樣的咖啡色的布將自己包裹起來，然後蹲在地板上，身體緊緊縮成一團。我問她：「你為什麼要選擇這樣一種顏色的布呢？」她說：「我想讓別人看不見我，想讓自己消失。」我又問：「你為什麼要讓自己消失呢？」她說：「因為我周圍的人都看不起我！」我再問：「你周圍的人都是些什麼樣的人？」蘇黎便選擇了一些身材高大的人（在心理劇中這些人被稱為「輔角」）站在自己的周圍，並且給這些人都選擇了色彩亮麗的布圍上，她蹲在那些人中間，顯得特別弱小特別晦澀。終於，她趴在膝蓋上哭了：「為什麼別人都活得那麼好那麼精彩，我是天底下最慘的人！」我靜靜地等待她平靜下來，鼓勵她：「你這樣蹲著，自然顯得身邊的人很強大很有壓迫感，想不想站起來？」「我不敢，這樣蹲著我覺得安全，站起來我就暴露在別人面前了。」「沒有人會傷害你的，你試試看站起來，你可以的！」在我的再三鼓勵下，蘇黎慢慢地、戰戰兢兢地站了起來，這時候她身邊的人不約而同地給她鼓勁，當她完全站起來，身邊的人都向她伸出了雙手。我問蘇黎：「感覺怎樣？身邊的人沒有那麼可怕吧？」她紅著臉笑了，很興奮的樣子。

透過和蘇黎的接觸，我意識到她的問題有這麼幾點：

一、不善於表達和溝通。心裡對別人有意見有看法，又不知該怎樣說出來，只會一個人生悶氣，在宿舍裡經常板著臉，自然會引起其他室友的反感和誤解。

二、自卑。因為自卑所以過度敏感和自尊，總覺得別人看不起自己，為了維護自己的尊嚴，有時對別人無心的言行也難免反應過激。

三、愛鑽牛角尖。凡人凡事都愛往壞的方面想，事事設防，造成她過於緊張的個性，所以很難和他人相處。

當然，要解決這些問題僅僅靠蘇黎一個人是不夠的，畢竟她要面對的是一個與她朝夕相處的團體，這個團體裡的其他人也未必就沒有問題，所以我想到邀請蘇黎的室友們也來參加心理劇的演出，也許是出於好奇吧，她們都很爽快地答應了。

我決定就選擇蘇黎給我講述的「吃梨」和「關門」這兩件事作為心理劇的基本內容，由她和她的室友們一起出演。

情景一：小林因嗓子腫痛、咳嗽，從市場上買回來一袋梨，回到宿舍裡，順手放在了桌子上，她希望以後的幾天晚上，都能有個梨吃，壓一壓咳嗽，以免影響大家的睡眠。當小林上完晚自習歸來，同宿舍的室友娜娜高興地對小林說：「快來，今天不知是誰買了一袋梨，只剩最後一個了，你有運氣，快吃吧！」小林看到桌上的一堆梨核，一臉茫然和無奈——（演出到這裡停止）

我問大家：「如果你是小林，你會怎麼辦？」

◆ 室友A：「我不會放在心上的，就是一袋梨嘛，吃了就吃了吧！」

◆ 室友B：「不過這是挺讓人不舒服的，一袋梨是小事，關鍵是這種感覺不好！」

◆ 室友C：「最好是透過一個委婉的方法提出來，別悶在心裡，心裡有氣，臉色就不好看，宿舍裡的人還不知道你怎麼回事，容易引起誤會。」

我在這時候對C提出來：「那你能不能演一演將不滿悶在心裡的那種狀態？」

C走進宿舍，沉著臉，低垂著眼睛，和誰也不打招呼，將手裡的書往桌上一丟，就倒在床上，把床簾放了下來，擋得很嚴密……

在C演出的時候，我注意到蘇黎的臉有些紅了，因為C演的就是她平時在宿舍裡的狀態，她透過別人的演出客觀地發現了自己的不足。C的演出結束，蘇黎主動發言：「這樣子挺讓人難受的，我覺得還是能夠將自己心裡的想法說出來比較好。」

我進一步啟發大家：「那你們想一想，怎麼樣表達出自己的看法會讓別人比較容易接受呢？」

室友A：「委婉一些吧，比如開個玩笑說：哎呀，我買的梨怎麼都插上翅膀飛啦？」

室友B：「也沒必要這麼委婉，可以直接說：你們這些人，這是我今天剛買的梨！大家都是年輕人，很容易溝通，不需要有那麼多顧忌。」

我鼓勵蘇黎和她的室友們：「你們可不可以結合剛才A和B的建議，重新演繹一下這出心理劇？」

蘇黎回到宿舍，室友A對她說：「這梨不知道是誰買的，還剩一顆了，你要吃嘛？」她笑著接過了那顆梨，很自然地說：「這梨是我買的，這兩天喉嚨痛，老是咳嗽，聽說吃梨有用，不是嗎？」A瞪大了眼睛，不好意思地解釋：「不好意思啊，都被我們吃光了！」「沒關係的，待會兒我再去買一袋。」室友B說：「你別買了，待會兒我要出去，順便買一袋回來，反正我們大家都要吃，秋天了，吃些梨對身體有好處。」蘇黎笑著順水推舟：「那就謝謝你啦！」宿舍裡的氣氛自始至終都友好而融洽……

演出結束後，蘇黎悄悄告訴我，這是她第一次和她的室友們說了這麼多的話，透過演出，她發現室友們其實都挺不錯的，而她的室友們也紛紛表示：現在發現自己身上其實還是有很多毛病的，下次我們一定還一起來！

下個週末，蘇黎和她的室友們果然一起來了。這次演出的心理劇是「關門」。

情景二：四個大學生共住一寢室。睡在靠門口位置的同學在冬天最難受，住在同一宿舍的同學老不關門。出去洗臉不關門、只顧講電話，進來不關門、夜裡上廁所不關

門……靠在門口的同學一次次起床關門，越關心裡越煩。（演出到這裡停止）

我問扮演睡在門口位置的同學的室友A：「你感覺怎麼樣？」A一臉的慚愧：「真是太煩了，蘇黎真是挺不容易的。蘇黎，對不起啊！」蘇黎連連擺手：「沒關係的，以前我總認為你們是故意不關門，但是剛才我注意到C在演出中，是因為怕吵醒睡在門口的同學，所以很小心地帶上門，結果力度不夠，她剛出去門又開了。現在想想我平時有很多誤解你們的地方，也請你們原諒我啊！」大家都笑了。我說：「那你們按照現在的感覺再演繹一次吧！」

蘇黎正躺在床上睡覺，室友A端著臉盆、提著水壺要出門，她先放下水壺，向蘇黎略帶歉意地微笑了一下，再輕輕打開門，拿起水壺出去後，轉身小聲地關好門。

透過這次心理劇的演出，宿舍裡的其他人學會了換位思考，理解了蘇黎的感受，而蘇黎也懂得別人的行為並不都是有敵意的，同一種行為存在著多種原因，為什麼要將別人都往壞的方面想呢？畢竟每個人都有她可愛的地方。這次演出的結局可謂皆大歡喜。

那以後因為緊接著就是期末考試，蘇黎和她的室友們沒有再找過我。很久以後，我無意間在學校的櫥窗裡看見一組關於「宿舍裝飾文化大賽」的照片，驚喜地發現蘇黎所在的宿舍也在其中，照片裡，蘇黎和室友們並肩站在一起，笑得很開心。

知識連結：心理劇療法

心理劇（Psychodrama）是一種可以使患者的感情得以發洩從而達到治療效果的戲劇。透過扮演某一角色，患者可以體會角色的情感和思想，從而改變自己以前的行為習慣。

心理劇療法適用於心理失常的兒童、青少年、老人，也可以用於弱智者、精神病患者和罪犯。有的工廠為了達到訓練、教育工人的目的也是常採用這種方法。對精神病患者來講，第一個角色可以是他幻覺或錯覺中的人物，日後再逐漸地接近現實中的人物。

採用這種方法，要按照下列各點進行：

一、提供設備。包括圓形舞台、觀眾席和必要的道具。

二、選擇好表演者，患者、工作人員、觀眾都可以參加。

三、專家和觀眾都要事先明確透過心理劇需要解決的問題。

四、專家要大體勾畫出劇情，鼓勵患者大膽表演，並及時引導劇情向目標發展，還要邀請觀眾進行評價，以加強取得的效果。

正由於心理劇可以揭示深藏在患者內心的癥結，在知情的觀眾的協助下，患者可以發洩或者控制自己的情感，隨著劇情的發展，他們的情感行為最終可以得到抵制，並且去模仿一種正確的行為方式。在實際應用中，這種療法也取得了可喜的效果——

有人讓八位有嚴重情緒障礙的青少年一塊即興演出心理劇，讓他們每週演三次，共用了九週，經過觀察和測試，發現他們的自制能力和為社會悅納的能力都有了可喜的進步。有人特別害怕在眾人面前講話，把這些人聚集在一起，讓他們與健談的人一起表演心理劇，並設計一些特定的場面，隨時對他們不敢大聲說話、表情羞愧、動輒向人道歉等行為進行糾正，直到他們能理直氣壯地大膽表達自己的情感為止。有的青少年與家人的關係處理不好，經常有衝突，並對家庭成員持有偏見，根據這種情況，讓他們一家人一起表演心理劇，設計一些情節，讓青少年把自己的壞毛病表現出來，隨之給以指導，敵對情緒往往會透過表演緩和下來。

需要特別指出的是，心理劇療法特別倚重於專家，專家必須經過專門訓練，思路清晰，目光敏銳，並且具有很強的應變能力。並不是隨便一個什麼人都能引導劇情發展的。

還要注意的一點是，其他表演者和觀眾不能非難和攻擊患者，相反，應當熱情地幫助患者按照要求把劇演完，從而把問題解決好，否則，效果會適得其反。

第四章 常見心理問題

人生就像一盒巧克力

大一女生為何熱衷於自殺

她想達到何種目的

人生的真正意義究竟是什麼

本篇諮商師　呂秋雲女士為大學精神衛生研究所主任醫師，心理衛生協會理事。

關於顏卿，我最初所知道的情況是：大一女生，近兩年來多次服安眠藥自殺，每次都被家人發現救起，現在仍有嚴重的自殺傾向。或許因為同是為人母的人，我不能忘記顏卿的母親在向我講述這一切時那種痛苦的表情——一個母親，要時時刻刻活在隨時可能失去自己心愛的女兒的

擔憂和恐懼裡，那對誰，都是一種不能承受的折磨吧？

顏卿的表情和她的母親就完全不一樣了。在說起自己的自殺行為時，她滔滔不絕，甚至是有些津津樂道。

顏卿自述：這有什麼呀，其實很多人都有自殺的念頭，我們同學在一起經常討論什麼樣的自殺方式比較好——跳樓不行，萬一死不了殘廢就麻煩了；跳河不行，一個人躺在黑暗、冰冷的河底挺可怕的，而且一時半會可能還死不了；割腕不行，太痛苦了，而且弄得血淋淋的，挺噁心……討論來討論去，只有吃安眠藥是比較好的方式，在睡夢中不知不覺地死去，又安詳又美好，儘管被搶救時的滋味很不舒服。

你問我安眠藥是從哪裡弄來的？這太方便了。我經常去醫院，和醫生說我失眠得很嚴重，醫生就給我開點安眠藥，過幾天我再去另一家醫院，醫生再給我開點，這樣一次一次的存起來，過不了多久就可以存一小瓶，夠自殺一次了。

我迷戀自殺前的那種感覺，對於生活中的許多事情有一種超然物外的態度，心情特別放鬆。我喜歡對著鏡子，像站在舞台上一樣說出一大段台詞：「這是你們的世界，你們去哭吧、笑吧、愛吧、恨吧、痛苦吧、歡樂吧，而我，要走了……」然後抓起一大把

藥仰頭吞下去，特別像《日出》裡陳白露自殺時的情景，挺淒美挺詩意的不是嗎？

即使是身為一位精神科醫師，曾經目睹和聽過很多人的自殺經歷，但是看到一個如此年輕的女孩子這麼平靜的和我談論自殺、死亡，我的心裡還是極不舒服的。而且，出於一種直覺，我覺得顏卿是希望看到我不舒服的——她在以她的方式顯示自己或者是在向我挑戰。所以，我決定隱藏起內心的不舒服，以最平淡的口吻說：「你說了這麼多，但是你有沒有想過，你這樣一次次吃藥，對腦的損害是極大的，很有可能造成你智力下降，還有可能使你變成植物人，那就一點都不美了。還有，你父母就你一個女兒，你死了，他們年紀大了，也不可能再生了，那麼他們將來怎麼辦？你想想看，當你父母老了，別的老人都是兒女承歡膝下，唯獨你的父母孤苦伶仃的，你不覺得自己有些殘忍嗎？」

我平靜的態度讓顏卿很是有些悻悻然，我能感覺到她對我有幾分好奇——為什麼我向別人說起自殺時別人都是一副緊張、驚恐的樣子，而這位醫師卻這麼平靜呢？這種好奇會讓她產生和我繼續交流下去的興趣。果然她還想再說些什麼，我說：「我們以後有的是時間討論這些話題，不過你先得答應我，這一段時間不要再吃藥了，行嗎？」顏卿不置可否，我注視著她的眼睛說：「你得答應我。」她想了想，笑著說：「好吧，我答應你。」我鄭重地點點頭：「我相信你是一個守信用的人。」

顏卿第二次來做諮商的時候，我問她：「能不能告訴我，你為什麼要自殺呢？」她臉上那種滿不在乎的表情迅速消失了，取而代之的是一種令人憐惜的茫然與無助。

顏卿自述：為什麼自殺呢？你要我說出一個確切的原因，似乎也沒有。就是覺得活著很無聊、沒意義，這能算原因嗎？

你說活著是為什麼？為了國家富強、為了世界和平？這太空洞了；為了實現自我價值？人能有什麼價值啊，像我，現在上學，無非是為了將來能有一個好工作，有一個好工作要做什麼呢？可以多賺一些錢，多賺錢要做什麼呢？可以讓自己的衣食住行好一些，這有什麼意思？為了父母？可是我是一個獨立的人，為什麼要為父母而活呢？

一切都沒有價值。親情、友情、愛情，沒有一樣是能永恆的。拿親情來說，書上總是謳歌親情是怎樣無私而偉大，我曾經也這麼認為，但後來發現並不是這麼一回事。比如去年大考，當時我的大考成績下來，比預估的偏低，可能上不了國立大學，父母立即埋怨我，好幾天對我愛搭不理的，可是後來錄取分數下來，我居然上榜了，他們那個高興啊，寶貝寶貝的叫著我，我就想他們怎麼變得這樣快！看看，親情也是有條件的，一切都是那麼虛偽。你說，活著有什麼意義？你說給我聽聽！

顏卿近乎挑釁似的問我，我迎著她的目光，反問她：「那你覺得有意義的生活是個什麼樣子？」

顏卿自述：我認為有意義的生活，不說別的，最起碼能活得有自我吧，可是這個世界上有幾個人能做到這樣呢？

從小到大，我覺得自己都是在為父母而活，確切地說是為了父母的面子而活。我要做到品學兼優、出類拔萃。

大考的時候，我本來是想報考藝術大學的，我一直喜歡油畫，而且我覺得自己這方面挺有天分的。但是父母堅絕不同意，他們說現在畫畫的有什麼出路呀，除非你能成為大畫家，可是能成為大畫家的人有幾個？剩下的人連吃飽飯都成問題。最終我的興趣向生存的壓力作了妥協，學了比較實用的資工。我對電腦一點興趣都沒有，坐在課堂上的感覺簡直是生不如死。

上中學的時候我總想，熬吧，等熬到上大學就好了，可現在真的上了大學了，我發現一切都不是我想像的那樣。我要學好我十分討厭的課程，要和老師搞好關係，要和那些不喜歡的同學住在同一間宿舍裡。

可以想像，大學畢業以後，我的日子還是好不到哪裡去，我要找一份能養活自己的工作，儘管這個工作可能是我自己極不喜歡的，我要去面對公司裡的明爭暗鬥以及複雜的人際關係。等年紀大了，即使我遇不到自己心愛的人，我也得想辦法將自己嫁出去，否則別人會議論你，會對你的私生活充滿好奇。然後我有了孩子，我要像當初我的父母那樣以社會的價值標準去要求我的孩子，儘管明知道他（她）會因此不喜歡甚至是討厭我，理由卻是「為他（她）好」，這多麼可悲。然後孩子大了，我老了，我死了，和死了一隻小雞一樣沒有區別……這就是我的一生嗎？僅僅是想一想，我已經絕望得恨不得立即可以死掉。

有的人說自殺的人是懦弱的，我對這種說法充滿了嘲諷，什麼是懦弱？苟且偷生的人，為了五斗米而折腰的人，才是真正懦弱的人呢……

顏卿的臉上有一種不屬於她這個年齡的憂鬱和疲憊，她的目光投向窗外那不知名的遠處，很久，然後發出一聲輕輕的嘆息。我說：「也許你自己都沒有意識到，你是個特別有想法的女孩，你能夠思考人生的意義是什麼，這是非常可貴的！」我讚許地看著她，接著說：「每個人都有可能遇到困惑，有些困惑可能要伴隨我們的一生，面對困惑有許多種態度，有的人選擇和困惑共存，有的人選擇去探索、尋求答案，你不承認自己是一個懦弱的人，可是面對困惑選擇一死了之，這是一個勇敢者的態度嗎？可以說，無論遇到什麼，自殺，都是最消極、最愚蠢、最無能的應對方式。」

顏卿轉過臉來注視著我，認真地問：「呂醫師，您是我的長輩，您走過了這麼長的人生，您告訴我，您找到了人生的意義了嗎？」我想了想，誠懇地說：「我像你這麼大的時候，也經常思考人活著的意義，在很長時間裡我也找不到答案。不過這些年來，我一直在探尋，有的時候，我認為我已經找到了，有的時候，我認為我還沒有找到。只是到我現在這個年齡，我才發現，其實找到或者沒有找到，已經不重要了，重要的是我認真、充實、積極地過著生命的每一天。」顏卿看著我，沉默良久，若有所思，似有所悟。

這一次諮商結束後，我向顏卿推薦了美國電影《阿甘正傳》。我說：「阿甘是一位弱智人士，如果按照你的想法，他這樣的人更沒有活著的意義了，可是他活下來了，而且活得很快樂，而且做成了他所有想做的事。你還這麼年輕，你怎麼就確定你將來不會過上自己想要的生活呢？著急什麼呢？比如你對自己的科系不感興趣，但有很多人是在踏入社會很長時間以後，才慢慢轉到自己喜歡的行業裡來的，關鍵的是要有耐心和信心。」

下一次顏卿來找我，交給我寫滿了整整五頁信紙的觀後感，一如我的期望，她對人生有了重新的領悟：「……整部電影裡給我觸動最深的是阿甘的一段話：『媽媽說，人生就像一盒巧克力，你永遠不知道下一塊是牛奶味、杏仁味或是酒味的，總之人生永遠會有驚喜。』我突然明白：要想知道巧克力都有些什麼味道，就得將所有的巧克力都吃完，就像我要知道人生有什麼意義，就得將人生的路全部走完一樣！」

我鼓勵顏卿，應該擴大自己的社交圈子，不要只和與自己有相同觀念的人交往，結果大家在一起越聊越悲觀、偏激、絕望，要多和不同的人交往，多去傾聽、吸取別人的人生觀念和經驗，以開闊自己的眼界與心胸。同時我建議她多參加一些集體活動，別總是一個人坐著想一些生啊死啊的事情。她聽從了我的建議，選擇參加了學校裡的愛心社，經常從事一些公益活動。

在和顏卿的接觸中，我能發現她人格上的一些特點，比如喜歡以自我為中心，很有表現欲，追求與眾不同，追求完美，願意讓別人注意自己等等。她的這些特點讓我產生一個疑問：她真的是想結束自己的生命嗎？還是她只是想透過自殺這種方式來獲得家人與社會更多的愛、關注與寬容？來為自己的生活爭取更大的自由空間？我沒有將這個問題直接去問顏卿，我很擔心這麼直接會讓她受不了，也擔心會破壞我們之間已經建立的良好的諮商關係，於是我很委婉地提醒她：「有許多人，可能並不是真的想死，可能他們自己也沒有意識到，他們其實是想透過自殺來達到某種目的，我希望你不要成為這樣的人。很多的渴望與要求，我們都可以透過積極的方式去實現去獲得，自殺太傻了。」

另一方面，我和顏卿的父母也做了幾次交談，並且在交談中達成共識：應該在平時的生活中多多尊重、理解、肯定孩子，耐心傾聽她的心聲，也多和孩子交流自己內心的想法，學會將自己的愛表達出來，以避免和孩子之間不必要的誤會與隔閡。不要等到孩子自殺了，才去反思、改正自己的做法，一下子又恨不得將所有的愛傾注在孩子的身上，對她言聽計從，這樣事實上是對孩子自殺行為的一種變相的鼓勵與強化，對她的成長沒有任何好處。

顏卿越來越熱衷於一些公益活動，幾乎每一次來，我都能發現她的一些變化，最明顯的是她臉上一貫的滿不在乎的神情在慢慢消逝，活力和激情在她的眼睛裡慢慢呈現。有一次她對我說：「也許人生的意義，就是能讓所有和自己接觸的人，得到一些快樂和幸福吧。」

我真想告訴顏卿，人生的意義遠不止於此，但轉念一想又何必呢？關於人生更多更豐富的意義，讓她自己在今後漫長的人生道路上一點點去發現去體會吧——她是一個如此聰明的女孩，她將獲得屬於她自己的答案。

那一年的元旦，我收到顏卿透過快遞公司送給我的一個大信封。信封裡面有一瓶安眠藥。在信裡她說：「這是我的最後一瓶安眠藥，我一直留著，現在，我將它交給您。也許在新年裡送給您這樣一件東西並不合適，但是我真的非常想在這樣一個辭舊迎新的時刻，給您一個承諾，給自己一個全新的開始。」

顏卿不知道，對我而言，這是一份再合適不過的最好的新年禮物。

知識連結：青少年自殺行為的心理原因及預防

採取自殺行為的青少年大多存在這樣幾種心理：

- 解脫心理——以為死可以擺脫一切煩惱和壓力。
- 要挾心理——想用自殺來發洩不滿，補償失去的自尊心或嚇唬別人，從而得到別人的重視和注意。
- 抗議心理——想以死來與自己不喜歡的事物抗爭。

在這幾種自殺心理中，前兩種心理是青少年自殺中較常見的，而產生這種自殺心理的原因，不僅有內部原因，也有外部原因。

引發青少年自殺的內因主要有一下幾個方面：

一、軀體的折磨。在自殺的青少年中，有很大一部分是因為身體有殘疾，獲得了重病乃至不治之症，因而對生活失去了信心，覺得前途黯淡，看不到光明，不如一死了之。

二、自身性格上的弱點。青春期的青少年容易走向極端，看問題絕對化，一旦遇到點挫折打擊，便覺得承受不了。有的青少年性格過分內向，甚至有些憂鬱，這種性格的人多愛鑽牛角尖，遇到一點不順心的事便心灰意冷、意志消沉。這些性格上的弱點都有可能成為青少年自殺的內在因素。

三、有嚴重精神病。研究表明36%的自殺者是精神病患者。大約有72%的自殺者在自殺前情緒惡劣或有非理性狂亂衝動，而憂鬱症患者的自殺率為15%。

四、有不良行為或犯罪行為。吸菸、酗酒、賭博、吸毒等不良行為都有可能使青少年心理不健康，最終引發自殺。

導致青少年自殺的外部原因紛繁複雜，簡要概括為以下幾點：

一、人際關係僵化。可以說，人際關係矛盾是引起青少年輕生的主要外部原因。如果一個人的人際關係比較和諧，與周圍的人能融洽相處，他（她）就比較容易找到傾訴的對象，內心的種種痛苦、壓抑都會得到緩解，一般情形下是不會自尋短見的。

二、得不到家庭溫暖。父母不和、吵架、離婚，或是偏愛某一孩子，都易使青少年產生自卑、憤恨心理，如果這時候在遇到挫折打擊，無疑等於雪上加霜，最後產生厭世心理。

三、意外的挫折和打擊。失戀、考試失敗、受壞人恐嚇、丟失了重要財物、親人離世等突然打擊，都有可能使感情脆弱的青少年心灰意冷、悲觀絕望。

我們了解這些之後，應該如何預防青少年自殺行為呢？

「自殺是一種卑賤的勇敢」（黑格爾語），是一種不負責任的愚蠢行為，但自殺是可以預防的，需要家庭、社會和個人多方面的努力——

首先，解除家庭矛盾和壓力，家庭矛盾和壓力可導致青少年發生情緒危機。入分母離異、家庭不睦等。有人研究認為，體驗家庭成員自殺行為的青少年，其自殺的可能性是同齡人的九倍。

其次，社會各方面的關注。相關數據表明，目前全世界青少年自殺呈成長趨勢，青少年自殺問題應該引起社會的關注和危機干預，幫助青少年解除心理矛盾，多給予鼓勵，使其熱愛生活，對前途充滿信心。

最後，青少年也要提高自身的心理承受能力。青少年應學習掌握一些宣泄不良情緒的技巧，建立良好的自我防禦機制，一旦遭受了挫折，可以改善策略或降低目標；或重新選擇方法、手段，再作嘗試；也可以暫時放棄當前目標，從別的方面獲得成功來予以補償。

我們都是需要獎品的孩子

哈佛學子遭遇失讀症（閱讀障礙）
老師對他的成見是形成障礙的根源
我們每個人都需要來自他人的鼓勵和肯定

本篇諮商師　岳小東先生為香港城市大學應用社會學系助理教授，哈佛大學心理學博士。

在美國劍橋市的哈佛廣場附近，有一條很短的街道——林登街，這條街的五號，是一幢古色古香的三層小樓，它就是哈佛大學心理諮商中心的所在。我曾在這裡擔任諮商師，為哈佛大學大學生與研究生提供心理諮商。

湯姆斯即是我的來詢者之一，他是哈佛大學文學院拉美文學系的阿根廷留學生。直到現在，一看見「青年才俊」這個詞，我立刻會想起他的樣子——潔淨的襯衫、英俊的臉龐、優雅的談吐，舉手投足間顯示出良好的教養。

湯姆斯自述：岳先生，我遇到一個學習上的麻煩，很苦惱。您知道，我是讀文學系的，這個科系需要我閱讀大量的書籍，一般來說，每堂課結束，教授都會向我們推薦兩三本相關的書籍，我的問題就在於——我讀書的速度非常慢，慢到什麼程度呢？反正就是一個單字一個單字地讀，讀到後面想不起前面說的是什麼了，又回過頭來讀，還常常分心，總是想到別的事情，等回過神來，已經不知道自己讀到哪了，又得從頭再來，有時候為了避免分心，我就大聲地唸出聲來，可還是沒用。這樣反反覆覆、斷斷續續，讀一頁書，要花上兩個多小時，通常上課的時候，教授會讓我們就他推薦的書籍談一談讀後感，我根本就讀不完那些書，所以就無從談起，壓力真是特別大。可是越是著急，看書時越是慢越是容易分心。這幾乎成了我學習中最大的困擾……

我首先對湯姆斯的苦惱表示理解，同時我也覺得困惑：他既然閱讀速度這麼慢，為什麼會選擇讀文學呢？誰都知道文學系的閱讀量大，他這樣不是自己和自己過不去嗎？於是我問他：「你回憶一下，你的這種症狀是從什麼時候開始的？在學英文方面，有沒有發生過什麼讓你很難忘的事情？」湯姆斯托著下巴想了好一陣子。

湯姆斯自述：我不知道我的這種症狀開始的確切時間，好像是慢慢發展起來的，可能以前就有吧，但是那個時候我的閱讀量沒有這麼大，所以也就沒有感覺，真正感覺到這種苦惱，是來哈佛以後。

至於在學英文方面有沒有什麼難忘的事情，你這樣一說，我倒是想起來一件事，但是我不認為這件事和我的閱讀速度慢有關係。我大概是在小學四年級開始學英文的，剛接觸英文時我非常喜歡，而且也很喜歡我們的英文老師，可惜那位老師只教了我們一個多月，就換成了另外一位，我們對新來的老師自然很排斥，我就遊說了另外幾位同學聯名寫了一封信給校長，列舉了新老師的許多毛病，要求將以前的那位老師換回來。我們都不知道，其實新來的老師是校長的先生！結果是老師沒換成，新來的老師還知道了我們聯名寫信的事情，他自然對我有一些成見——這一點我很快就感覺出來了。

記得那時候他總是讓我站起來讀課文，我讀得好，他什麼讚許的話也沒有，臉還是冷冰冰的，我讀得不好，即使只是一個單字的發音沒讀準，他就會對大家說：「你們聽聽！你們聽聽！」還怪腔怪調地模仿我的讀音，大肆嘲諷一番，讓我非常難堪和憤怒。漸漸地我覺得上英文課就像是受刑，提前一天就開始緊張了，同時對英文也開始感到厭惡甚至是恐懼……

在講述這段往事的時候，湯姆斯神情平靜，說起那位老師的語氣像說起一個不相干的人一樣，平淡又帶著些許的冷漠。我倒是有些好奇：學英文既然給他帶來這麼多不愉快的感受，他後來的英文怎麼學得那麼好？——眾所周知，能進入哈佛大學，對英文的要求是很高的啊！在湯姆斯第二次來找我時，我問了他這個問題。

湯姆斯自述：那位老師只教了我一年，後來又來了一位老師，那個時候我的英文成績已經很差了，當時我想：如果我的英文成績繼續這樣差下去，所有的人，包括那位嘲諷我的老師會說：看哪，這個孩子天生是學不好英文的！我需要證明自己，證明那位老師的說法是錯誤的。就是出於這樣的想法，我開始在英文上投入了比在其他科目上多出很多倍的精力，成績慢慢上來了，學習就是這樣，一旦嘗到進步的喜悅，就會越學越有興趣。那一學期結束時，我的英文水準已經在年級裡遙遙領先了，當時我覺得特別有成就感，特別開心，特別暢快，好像已經報復了那位老師一樣。
就這樣我對英文越來越著迷，讀了許多原文文學書，大學時我主修英文，所以後來我就申請來哈佛，並且選擇了文學作為自己的主修。

「你非常有毅力！」我由衷地對湯姆斯表示讚賞。但是我心裡還是有疑問：既然英文已經學得這麼好了，為什麼還會出現失讀症呢？這裡面是否存在更深層次的原因呢？

在湯姆斯第三次來見我時，我從書架上隨意抽出了一本心理學書籍，讓他打開讀給我聽聽，我當時的本意是想鼓勵鼓勵他，強化他對自己閱讀能力的信心。他很合作地翻開一頁讀了起來，讀得非常流暢，大概過了五六分鐘，他突然停了下來，很興奮地對我說：「我懂了！我知道這一段講的是什麼意思了！」然後開始滔滔不絕地給我講他的理解，我讚許地頻頻點頭，對他說：「你看，你不是讀得挺好嘛，而且理解力也很棒！繼續！」他又開始讀，讀了大概有五六分鐘，他又停了下來，興奮地告訴我他讀懂了，給我講他的讀後感……當他第三次停下來的時候，我開始覺得有些不對勁了，問他：「你讀懂了點東西怎麼這麼興奮啊？這樣一下停一下停，這短短的一頁書這麼長時間還沒讀完呢！」湯姆斯愣了一下，忽然眼睛一亮，脫口而出：「您說得太對了！我平時在家讀書也是這樣，讀懂了一點內容就要休息一下，開始獎勵自己——看會兒電視啊，吃點東西啊，聽會兒音樂啊，或者乾脆就在床上躺一下，然後再繼續讀，讀一下再休息一下，總之讀完一本書我要獎勵自己無數次！我一直認為這只是我的閱讀習慣而已，沒有意識到問題出在這裡！」

我試著為湯姆斯做分析：「雖然你一直在說對當年那位對你存有成見的老師已經淡忘了，但我想，那位老師帶給你的傷害依然是你內心深處一個解不開的心結，你對他從來沒有表揚過你肯定過你一直無法釋懷。對於閱讀本身，你需要鼓勵，這種鼓勵你在老師那裡得不到滿足，你就自己滿足自己，這種自我滿足不斷強化，就會形成一種期望、一種習慣，最終形成一種障礙。」

湯姆斯陷入了深深的思考，良久，他輕嘆了一口氣，微笑著說：「也許吧。這讓我想起小時候，每天晚上，母親總要拿出一支棒棒糖作為獎品發給當天家中表現最好的孩子，那時候的我很頑皮，所以總也得不到那支棒棒糖，這讓我很傷心。姐姐有時候會將她得到的棒棒糖送給我，我總是憤怒地驕傲地拒絕掉。長大了以後，我常常給自己買棒棒糖，看見了就想買，即使不吃，看著就挺高興的。」

佛洛伊德說：精神分析的目標，就是使人們找到無意識行為背後的有意識原因。有很多行為我們是下意識的，是習慣成自然的，是想也不想的，但這些行為的背後又隱藏著多少我們自己也不能參透的原因呢？人生中重大的愉悅和痛苦的經歷，都會在我們的記憶深處留下積澱，這些積澱會在潛移默化中影響著我們的行為和動機——分析這些行為以及行為背後的原因，真正了解自己和他人，這是一件多麼有趣和有意義的事啊！

在接下來的幾次心理諮商中，我訓練湯姆斯在閱讀中盡量將興奮的感覺延後，不斷減少自己「自我獎勵」的次數。比如他以前讀書時五六分鐘就要停下來獎勵自己一次，那麼現在試著控制住自己興奮的感覺，延長到十五分鐘，再延長到二十分鐘，透過這樣一次次練習，達到不需要自我獎勵就可以專心讀書的目標。同時我還建議他去參加哈佛大學的「閱讀訓練班」，在那裡學習一些閱讀方法和技巧，以提高自己的閱讀速度。當然這麼些年來形成的習慣不是一朝一夕就可以改變的，但只要湯姆斯持之以恆的去做，他的失讀症是可以消除的。

在對湯姆斯的心理諮商結束後的諮商手記裡，我記下了他講的那個「棒棒糖」的故事，並寫下了自己的一些感悟：是啊，也許我們每個人，都是那個需要獎品的孩子，都需要鼓勵和肯定，當我們從他人那裡得不到這些時，有些人會陷入自卑和迷失自我的困境，有些人會自己鼓勵、肯定自己，這是好的，但是當這種自我鼓勵與肯定已經超越了原有的情境時，它的價值和意義有可能需要重新評估。這樣想來，在平時的生活中，我們是不是應該不失時機地、盡可能地給身邊的人多一些鼓勵與讚賞呢？我想是應該的——人生如此漫長，每一個生命個體都是孤單的，你、我、他，我們是相互影響密不可分的整體，我們是彼此的需要彼此的依靠，我們是彼此信心和力量的源泉。

知識連結：失讀症

失讀症（Dyslexia）是指智力正常或超常，但在閱讀成績上落後的現象。失讀症主要表現在以下幾個方面：

一、識字方面

- 認字與記字困難重重，剛學過的字就忘記；
- 錯別字連篇，寫字經常多一畫或少一筆；
- 經常搞混形近的字。如把「視」與「祝」弄混；
- 學習拼音困難，經常把Q看成O；
- 經常顛倒字的偏旁部首。

二、閱讀方面

- 朗讀時增字或減字；
- 朗讀時不按字閱讀，而是隨意按照自己的想法閱讀；
- 聽寫成績很差，閱讀速度慢；
- 逐字閱讀或以手指協助；
- 演說可以，但寫作文過於簡單，內容枯燥；
- 書面表達自己的意思非常困難，抄寫速度慢。

三、行為方面

- 行為反應表現得不集中或無組織，對於所看到或聽到的刺激，僅能掌握一小部分；
- 掌握事物的順序很困難，如數學公式、乘法口訣等；
- 幾乎做每件事都表現得反應過度；
- 在辨析距離、方向時顯得困難；
- 在理解時間概念時顯得苦難；
- 在整理自己的書本、紙張、玩具時顯得有困難，寫字時很難掌握空間距離；

◆ 手腳笨拙，走路時腳步不穩，經常跌倒、被絆倒或撞到家具；
◆ 同一時間對所有的聲音、人、事同時作反應，不懂得提早時間對某一件事作反應；
◆ 很快就從一個活動或想法跳到另一活動或想法；
◆ 完成讀寫作業非常容易疲勞。

形成失讀症的原因是多方面的，有生物學方面的因素，也有教育方法的因素，這裡著重說的是情緒因素。有的孩子有嚴重的膽小、自卑情緒、不敢在課堂上朗讀，結果越不練越有障礙；還有的孩子非常敏感，對別人的評價特別在意，生怕讀錯了引起同學的嘲笑，所以，朗讀時憂心忡忡，不能輕鬆流暢地閱讀。對於因為情緒原因而形成的失讀症，要盡早求助於心理醫生，矯治其心理問題。

愛她不是他

一個女孩愛上了另一個女孩
一場備受痛苦和煎熬的愛戀

一道注定無解的難題

本篇諮商師　劉華清為教學醫院心理科主任醫師。

謝諾是在看到報紙上我的一篇關於同性戀的研究文章後打電話給我。她說：「劉醫師，我可不可以問問您，作為您個人，對同性戀者持一個什麼樣的態度？」事實上我經常接到這種試探性的電話，打電話的人通常是同性戀者本人或者是同性戀者的家人，和以往一樣，我很坦白地回答：「在沒有從事這項研究工作之前，和很多人一樣，我對同性戀是很反感的，甚至覺得他們很噁心，但是隨著研究的逐漸深入，我了解到很多同性戀者其實是身不由己的，他們和他們的家人所承受的痛苦與壓力是一般人很難體會到的，他們是急需關注和幫助的一群人……」我這麼說著的時候，電話那頭傳來輕輕、輕輕的抽泣聲，我停了下來，不知道該怎樣安慰這個我絲毫也不了解的女孩子，電話那頭謝諾拚命地想忍住抽泣以一種正常的口吻和我說話，但是她失敗了，我能聽清楚的只有一句急切的懇求：「劉醫師，我想和您見面，一定要和您見面，今天，要不明天，好嗎？」

如果單單從外表上來看，謝諾是一個很青春很陽光的女孩子——一套得體的牛仔服勾勒出她修長勻稱的身材，乾淨的短髮，靈活的大眼睛，笑起來露出一口潔白的牙齒，但是當我坐在她旁邊準備開始我們的談話時，笑容在她的臉上迅速地消失了，她垂下眼簾，久久地注視著手裡那杯正在冒著熱氣的綠茶，一直到茶葉一片一片在熱水中舒展開身體，又一片一片全部沉澱到杯底，她才開口說話。

謝諾自述：其實我的故事很簡單，和生活中許多人的愛情故事一樣——相識、相知、相戀，唯一不同的是我愛上的是一個同性。

關於我和陳融，真的不知道從何說起，太長了，算算看有八年了吧？八年前，我才十六歲，讀高一。陳融是在高一下學期轉到我們學校來的，據說是因為她父母離婚，她跟著母親回到了祖母家。現在回想起來，我第一次看到陳融，心裡就有感覺了。記得那天她穿了一件藏青色的外套，襯得皮膚特別的蒼白，看人的眼神怯生生的，楚楚可憐的樣子，當時我不知為什麼突然想起以前在一本書裡看過的句子：「真想走在你身邊，風來為你擋風，雨來為你擋雨。」這以後我總是無法控制自己去關注陳融，看到她憂鬱的樣子，我會覺得揪心，她偶爾高興一次，我就覺得整個世界都變得明媚起來了，我想陳融是能感受到我的這種關注的，在很多次我們目光相碰的時候，她會友好地對我笑一笑，又迅速地把頭低下去——她是很文靜很害羞的人。

後來的一天，學校號召去爬香山，臨出發前我才發現將錢包落在了課桌的抽屜裡，趕緊回去取，推開教室的門，我一眼看見陳融獨自坐在空蕩蕩的教室裡呆呆地看著黑板，我問她：「你不去爬山嗎？」她一回頭，滿臉都是眼淚。那天我放棄了去爬山，陪著陳融說了一整天的話，我終於明白了她的憂鬱是從哪裡來的——原來她祖母家還有一個舅舅，一直沒有成家，四個大人擠在一個十餘坪大的房子很不方便，祖母和舅舅的臉色有時候會有些不好看，讓她有一種寄人籬下的感覺，而且她父親經常不按時付撫養費，母親負擔她很吃力。「我真是想不通，上帝為什麼對我這樣不公平？」陳融含著淚問我，我緊緊握住她的手，有一種想替她承受一切的衝動。那以後我和陳融成了無話不談的好朋友，她有什麼心事都會和我說，我除了安慰她，也給她一些力所能及的幫助，比如買參考書的時候，也幫她買一份。陳融對我的依賴越來越深，讀高二的時候，有一次我和她開玩笑說因為我母親要調職我可能要轉學了，她當時就哭了，陳融哭的樣子和別人不一樣，她不抽泣不出聲，只有大滴大滴的淚珠急促地往下掉，讓人特別心疼。我連忙告訴她是開玩笑，可是她還是哭了很久很久。

現在我常常想，如果沒有後來發生的那件事，我和陳融會不會走到今天這一步？我的答案是肯定的。從我們相遇的那一天起，一切就已經注定了，只不過那件事將一切提前明朗化了。

我記得特別清楚，那一天是星期六，已經是深夜了，電話鈴突然響起來，我拿起聽筒，傳來陳融發抖的帶著哭腔的聲音：「謝諾，我現在在你們家樓下的電話亭裡，你下來一下！」我嚇了一大跳，連忙跑下樓，陳融一見我就撲進我懷裡，告訴我就在剛才，她舅舅喝醉酒跑到她房間裡，把她按在床上要扒她的衣服，恰巧她祖母和母親都去親戚家了，她是用一個大花瓶砸傷了她舅舅才逃出來的……陳融一邊說一邊哭，我氣得要死，當即就要打電話報警，但是陳融不讓，她說如果報警了我和媽媽怎麼辦？我們還要住在那裡。那天晚上我將陳融帶回了自己家，我們睡在一張床上，陳融緊緊地抱著我，我們之間只隔著一層薄薄的睡衣，我能夠清晰地感覺到她綿軟光滑的身體在我的懷裡瑟瑟發抖，抖得我心裡癢癢的。後來，記不清是誰主動，能記起的是我們的嘴唇碰在了一起，那是我們的初吻，感覺和小說裡描寫的一樣，甜蜜、心跳、還有喝醉酒一樣的暈眩……當我們從那種暈眩中清醒過來，兩個人都嚇傻了，不知道怎麼會發生這樣的事情。到了早上，我想送陳融回家，她不肯，說怕她舅舅再來騷擾她，她用那種哀怨、茫然的眼神看著我，我特別難過。我把陳融的事情和父母一說，他們也很同情，我媽說：「要不你就讓她住咱們家吧，和你住一起。」陳融很高興，可是我心裡有一些隱隱約約的不安，但對陳融的憐惜和喜歡壓倒了一切，我當時的想法是：即使注定是一個深淵，也跳進去吧。

不知是誰說過，那種事情，有了第一次就有第二次，更何況我和陳融朝夕在一起。我們像一對初嘗禁果的戀人一樣，整夜整夜的接吻、愛撫、用我們自己的方式做愛，那種感覺，怎麼說呢？真的很棒，肯定不比你們和異性做愛的感覺差。只是當那股激情消退，我們就覺得特別害怕，我和陳融也討論過我們為什麼會這樣，也相互說不要再這樣了，但一到晚上，當我接觸到陳融的身體，我就控制不住自己，我們忘情地纏在一起，盡情地享受性的歡樂，把什麼都忘了。我們對彼此身體的依戀越來越深，同時心裡的掙扎也越來越激烈。

那個時候快要大考了，陳融決定報考南部一所學校，她說只要我們不住在一起了，就不會再發生那樣的事情，一切都會自然而然地結束。結果陳融如願以償地考到了南部的大學，我留在了北部。這種分離並沒有像預想的那樣讓我們疏遠，卻讓彼此嘗盡了相思的煎熬。那時候我特別特別想念陳融，想念她的一顰一笑，想念她的身體，想得夜裡睡不著覺，陳融也是一樣，有時候她打電話給我，說著說著就哭了起來，我們幾乎每天都要寫信給對方，傾訴心裡的愛與思念，那些信曾經讓我的室友無意間看到過，她們都認為我在談戀愛——我的男朋友在南部。我不知道該怎樣解釋。大一那年的國慶日，陳融從南部回來，那天晚上我們又住在了一起，纏綿之後，我們都哭了，為了這種欲分難分的痛苦，為了這份沒有出路的愛……

整個大學期間我和陳融都是在分手、和好，再分手、和好的交替反覆中度過的，那是一個心靈飽受煎熬的過程，我都感覺自己精神快分裂了。當時學校裡有男生喜歡我，我也曾經試著和其中的一位發展，希望能轉移自己對陳融的愛。有一次，我執意要和他去外面的旅館過夜，一開始都是我在主動，但在最後一刻我還是受不了起身而逃，因為實在進不了狀態——一點感覺和生理反應都沒有！那天晚上我獨自在大街上漫無目的地走，絕望，絕望到極點，為自己，也為陳融。陳融也做過類似的努力，但是不行，她說即使金城武脫光了衣服站在她面前，也提不起她的「性」趣！

大學畢業後，陳融回來了，我們租了房子正式同居。我們的生活和那些尋常夫妻沒有什麼不同，唯一不同的是我們從不敢公開承認我們是愛人。我總是做一個相同的夢，夢見我和陳融被赤身裸體地吊在絞刑架上，下面是指指點點歡呼雀躍的人群，我總是痛哭著醒過來……

謝諾的恐懼是很多同性戀者所共有的，這對他們來講很不公平，因為並不是他們自己選擇了同性戀，而是有很多複雜的原因影響了她們的性取向。

面對謝諾的痛苦和茫然，坦白說作為一名心理醫生我能做的實在非常有限，因為在目前，想透過醫學、心理治療或者其它手段來改變一個人的性取向還是相當困難的，我所能為謝諾提供的幫助只有兩方面：一方面是幫助她接受自己的性取向，讓她明白同性戀者的智力和能力並不比異性戀者差，她一樣可以實現自我價值可以為社會做貢獻，不要因為自己是同性戀就覺得低人一等，而且現在越來越多的專業人士認為同性戀並不等同於「性心理障礙」，她不用因此而有壓力。另外在接受自己是同性戀的同時，也要接受社會上許多人對同性戀的態度，因為人們對與自己不一樣的人都會有好奇和不理解，這也是正常的。

另一方面，我告訴謝諾要安排好自己的生活——首先要盡量尋求家人的理解，如果她的父母是比較開明的，那就選擇一個合適的機會，告訴他們自己是一個同性戀者，否則隨著她年紀漸大，父母肯定會催促她成家，那樣她就會感到無處不在的壓力和無處可逃的絕望；其次要學會自愛和自珍。

「我還是不明白，為什麼上天會給無辜的我這種懲罰？為什麼這個世界上有一種人注定綿綿無期的痛苦？注定她們的幸福永遠可望而不可及？」謝諾睜著那雙黑白分明的眼睛，目光落在飄渺的遠處，問我，似乎也在問自己。

而我，給不出答案。

知識連結：戀母情結與戀父情結

精神分析學說認為，兒童期三到五歲是人類心理發展過程中的關鍵階段，這一時期幼兒對自己的異性生身親長，即父親或母親會產生特殊強烈的依戀之情，特別是懷有本能的性慾渴望，同時伴隨產生的是對同性生身親長的敵對感，這就是戀父情結或戀母情結。在此階段，雙親對兒童的性本能既不採取過分抑制，又不採取過分刺激的合理態度，兒童就會順利透過這一階段；相反，如果兒童在此期間心理遭受創傷，那麼戀父情結或戀母情結就會潛藏在意識裡，並繼續影響個體的心理發育，最終在性成熟後發生相似的心理異常。

當愛等於傷害

童年時他透過受虐獲得愛的滿足
成年後他透過傷害別人去「愛」別人

心理治療幫助他以健康的方式對待愛的獲得和給予

本篇諮商師　劉軍先生為醫院主治醫師，中德高級心理治療師培訓班第一期學員。

正是春天。

此刻，我站在窗前，看著梁誠穿過一簇簇盛放的迎春花，穿過一團團嫩綠的冬青叢，在向我的治療室疾步走來，有風，將他的頭髮和黑色風衣向同一個方向吹拂，使得原本已很英俊的他看起來別有一種灑脫的風采。我不由得想起一年前，梁誠第一次來找我時的情景——

梁誠的職業是一位電視節目主持人，所以他的表達能力非常出色，即使是那麼隱私的經歷，他敘述起來依然從容。

梁誠自述：在來找您之前，我已經查閱過很多的資料，所以我大概知道我的行為意味著什麼，按照專業的說法，應該稱為「性虐待」，對吧？

我的生活中從來不缺少異性，由於我的職業，很多女孩子喜歡甚至崇拜我，不知道是不是因為這個原因，許多與我有著性關係的女孩子對我的施虐行為表現出了極大的隱忍和寬容。

我也很少為自己的行為感到不安，我只認為自己可能在性方面有著與別人不一樣的偏好吧。直到我遇見晨怡。她是來我們節目參加知識競賽的一位選手，很單純的女孩子。當時我們節目的來賓是一位很有名的歌手，他看見晨怡獲得了冠軍，就說：「祝賀你！我們擁抱一下吧！」沒想到晨怡竟然說：「我不喜歡不相干的人擁抱我。」把歌星弄得臉很紅。我當時覺得這個女孩子傻乎乎的可愛極了，節目結束以後我就向她要了電話號碼，開始追求她，不久以後我們成了戀人。

這是我第一次對一位女孩子產生心動的感覺，說實話在以前，我在愛情上很被動，從來沒有主動追求過女孩子，通常都是女孩子來追我，我看著還算順眼，就在一起了。但對晨怡就不一樣了，我有一種想去愛她、照顧她，和她天長地久的願望，我也由此陷入了一種恐懼之中——如果晨怡發現了我的變態行為她會怎麼想？她一定會鄙視、唾棄我的吧？有時候，我僅僅是想像一下晨怡鄙視我的眼神，就已經心痛難當了。我絕不能讓這樣的事情發生。

為了我和晨怡的未來，我才最終下定決心來找您，我想，這就是愛情的力量吧。

關於性虐待行為，專業的解釋是：將捆綁、鞭打、施加痛苦或侮辱帶入性活動的一種偏好，如果個體樂於承受這種刺激便稱為受虐症，如果是施虐者便稱謂施虐症。按照梁誠的自述，他應該是一位施虐症患者。

事實上，施虐和受虐是一體的，就像是一枚硬幣的兩面。如果一個人存在著施虐行為，那他（她）很可能有著受虐的經歷。在下一次治療中，我照例向梁誠詢問了他的家庭情況。

梁誠自述：我的老家是一座很美麗的城市。我的父親是當地最大一家醫院的院長，工作極其繁忙，在家時他總是一副若有所思心事重重的樣子。有時候我會有一種奇怪的感覺，覺得他好像是活在一個冰罩中，不可親近也不可觸摸。他對我很忽視。記得有一次他去國外進修，整整一年。如果是別人家的父親，離家一年回來後看見自己唯一的兒子，一定會親熱得不得了對不對？可是我父親回來，看見我，就像什麼也沒看見一樣，一句話都沒有。

我的生活和學習都是我母親在一手打理，她對我管教很嚴，而且是個火爆脾氣。記得那時候我特別淘氣，三天兩頭闖禍，我母親就讓我跪在洗衣板上不許起來，一跪就是半天。有時候她實在氣急了，就將我綁在柱子上，把我的褲子脫掉，用藤條狠狠打我的屁股。

不過母親對我的管教絲毫不起作用，經常是她剛打完，一轉身，我又闖禍了，當然接著又是一頓暴打。直到現在我回老家，鄰居看見我，還會說：「你小時候真皮呀，你媽被你氣得，藤條都打斷了三根！」我現在性格變文靜的，所以有時候想想真是匪夷所思——小時候怎麼那麼淘氣？

梁誠產生施虐行為的原因，透過他的這段敘述已經初露端倪——每一個正常的孩子，內心都有著強烈的對愛的渴求，在一個正常的家庭裡，孩子會透過父母的微笑、撫摸等等行為獲得愛的滿足。但在梁誠的家庭裡，父親對他極其忽視，母親又是一個嚴厲的人，他沒有機會得到正常的愛與關心，他必須採取獨特的方式，比如淘氣、闖禍等等來引起父母的注意，當然這樣勢必會招來母親的暴打。他雖然被母親打了，但心裡會有一種踏實——我和母親是有關聯的，我不是沒人要沒人理的孩子；他會覺得：其實你們還是很在意我的，你看我犯了一點錯，你就急成了這樣。母親的暴打對他而言其實是一種快感、一種愛的滿足，久而久之，他會將懲罰和愛，痛苦和快感混為一體——他透過受虐獲得了愛，他以為這就是愛了，所以，在他長大以後，他也這樣去「愛」別人，於是施虐行為就產生了。

我沒有將這些原因告訴梁誠——即使我告訴他，他大概也會認為我在胡說八道吧？我只能不斷引導他去進行自我心靈的探索，從而能夠自己找到病態行為發生的原因，並且能夠自己找到解決的辦法。這個過程漫長而曲折，然而沒有人可以代他去走。

在梁誠向我傾訴的時候，我力求扮演一種類似童話中「聖誕老公公」的角色，慈愛、平和、溫暖、超然而有力量。我想向他傳達的一個資訊是：你說吧，說什麼都可以，說什麼我都不會感到吃驚，都能夠理解，因為我知道你有這樣的行為肯定是有原因的。在這個過程中，我和梁誠的關係可以理解成是父母和孩子的關係，只不過這種關係是積極的、健康的、充滿陽光的，我用這種良性的關係逐步去取代梁誠記憶深處和自己的父母那種病態的、陰冷的關係，讓他能夠體驗到真正的愛應該是個什麼樣子。

當這種關係形成後，梁誠在一種有安全感、受保護的氛圍中，才有可能放心地、勇敢地、一步一步腳踏實地地去進行自我心靈的探索……

梁誠自述：似乎很早，我心裡就有一種施虐的衝動了。記得十二歲的時候，有一次和鄰居家的女孩子下棋，規定誰輸了，誰就要在臉上貼一張白紙條。結果她輸了，卻想耍賴，我不依，抓住她，將她死死地壓在身體下面，一隻手將她的兩隻手臂牢牢抓住，一隻手往她臉上貼白紙條，就是那一瞬間吧，有一種從未有過的快感傳遍全身……

我的第一次施虐行為發生在大學的時候，和一位同班的女同學。當時我對她說：

「我們玩一個遊戲吧。」我將她的四肢綁在床框上，她一開始挺驚訝的，說什麼也不幹，可當時我已經控制不住自己了，一定要那樣，她可能真的挺喜歡我的吧，最後也就半推半就了。我們做愛，我一邊做一邊用皮帶抽打她的屁股，覺得特別興奮……

那以後到現在，基本上每週我都要有一兩次施虐行為，如果不做，我就覺得特別煩躁、焦慮，心裡總有一種無法釋放的力量在蠢蠢欲動……

在進行了五六次心理治療以後，梁誠說他內心的施虐衝動已經明顯減弱，而且已經能夠控制住自己的衝動。但對我而言，他的施虐症狀的消除並沒有太多的意義，因為這只是他對我產生移情的結果——他在我的身上體會到愛人和被人愛的感受，暫時不需要用那種虐待的方式去滿足自己了，但是這只能是暫時的。

心理治療最根本的目的，是要使梁誠最終能夠以一種健康的方式去對待愛的獲得和給予，而不是像以前那樣透過傷害自己去獲得愛，又透過傷害別人去「愛」別人。當然這會很艱難。因為這麼些年來，梁誠一直用一種施虐的方式來滿足自己，打個比方來說，他是用一棵從冷漠、暴力的土壤裡生長出的畸形的樹來支撐自己，現在，我們要將這棵樹一點點砍掉，要讓一棵沐浴著愛與陽光的種子在他心裡生根發芽、茁壯成長，直至長成一棵參天大樹，足以支撐他今後的人生。

在這個過程中，治療師要注意控制好節奏，力度要拿捏得恰到好處——如果用力過猛，將那棵畸形的樹一下子砍掉，患者一下子失去了支撐，會崩潰；如果力度不到，又根本起不了作用。更重要的是，患者要具備一定的自我探索、體驗和領悟的能力。

令我欣慰的是，梁誠這方面的能力極其出色——

梁誠自述：這些天來我一直在思考自己究竟是一個什麼樣的人，我覺得自己挺悲觀的，什麼事情都是往壞的方面想。

比如我現在所做的節目收視率還不錯，我個人的知名度也處在上升的趨勢，但是我絲毫享受不到、或者說我根本就不願去享受事業成功帶給我的快樂，我總是在心裡不斷對自己說：這一切有什麼意義呢？浪得虛名而已，沒有人可以在這個位置上站很久，很快就會有新的節目和新的主持人超過我……所以我整天處在一種患得患失的情緒當中，快樂不起來。

我覺得我是在精神上自虐，在肉體上又去虐待別人，似乎只有在這種自虐和施虐的過程中我才能體現自己的價值，才能感受到自己是存在著的，是被人需要被人承認的……

大概在治療進行到第四十二次的時候，我不經意間問了梁誠一個問題：「你為什麼要這樣自己折磨自己呢？」他低著頭思考了很久，突然之間，他抬起頭，目光炯炯地看著我，臉上的表情是痛苦而扭曲的。他說：「可能是因為小時候母親懲罰我的方式吧，很奇怪小時候母親那麼打我，我卻從未恨過她。我很小就有手淫的習慣，我想像中第一個手淫和施虐的對象，就是我的母親。」

這真是一個讓人驚心動魄的轉折。事實上從頭至尾，我從未告訴梁誠我的判斷，即：他的變態行為是和他童年時母親對他的暴打，以及他從這種暴打中獲得一種變態的愛的滿足是有關係的。而如今，他自己竟然切入到這一點，也用事實證明了我的判斷。

我穩定一下情緒，平靜地說：「關於這個問題，我們以後再說吧。」我認為在第四十二次時涉及到這個問題仍然為時尚早，我希望梁誠在自我探索、自我成長的路上能夠走得踏踏實實，一步一個腳印。這對他能夠徹底擺脫施虐行為及衝動具有重要的意義。

對梁誠的心理治療將繼續下去，結果怎樣仍屬未知，但我對他充滿了信心，因為我堅信每一個生命都有向著陽光、溫暖及愛的方向生長的強烈本能，沒有什麼能阻擋這種與生俱來的力量，就像沒有什麼能阻擋花開、草長以及鳥兒的歌唱，就像沒有什麼能阻擋——窗外這個萬物復甦的春天。

有敲門聲，我起身，微笑著，為梁誠開門。

知識連結：性虐待

在性交前或同時，對性對象施以精神或肉體上的折磨而從中獲得性的滿足；或主動要求性對象對自己施加肉體上或精神上的痛苦，一伙的性快感或引起性衝動。前者稱為性施虐癖，後者為性受虐癖，在醫學心理學上合稱為SM（Sadomasochism）。

性虐待症的產生原因目前還不十分清楚，性心理學家艾利斯（Henry Havelock Ellis）指出，一個人的性衝動走向虐待的路可能有兩種解釋：第一是不論把痛苦加到別人身上或是自己親受，這種虐待症傾向都是原始時代所有求愛過程中的一部分，所以，所以這是一種返祖現象。在比人類低等的動物當中，當雌雄交配時，常表現出各種施虐和受虐行為，例如蜘蛛在交配後，雌蜘蛛便會把雄蜘蛛吃掉，公雞在交配時咬住母雞頭頂上的羽毛，等等；第二是一些性衰弱和陽痿的男人想借此取得一些壯陽或媚樂似的作用，以求達到滿足性慾的目的。

還有性心理學家認為，性虐待的產生大概有一下幾種心理機制：

一、對異性的怨恨、仇恨等極端負性情緒導致對對方的厭惡，並以虐待的形式進行懲罰和報復。這種報復性情緒來源於過去生活經歷中的不公平遭遇，如失戀、受騙、或痛苦的往事等。而內心的憎恨和厭惡感又助長了人的攻擊性。在無法利用其他方式發洩是，就「關門」來排解。

二、人們性格中的攻擊性失衡。每個人獨特的生活經歷和成長環境塑造了他性格中的不同特徵。有些人性格中的自私、狹隘、敵意、冷酷、控制慾、惡毒、反叛、好鬥、易衝動、固執、刻薄等性格特質都會使他更具有攻擊性。如果這種攻擊型性格特質不能得到合理的化解，它就會透過和人交往的時候發洩出來。

三、由於對自己的厭惡、對自己錯誤的悔恨和對自己的不滿等，而產生對自己懲罰的自虐傾向。一些人在遇到不順時，總是從自己身上找原因。這是一種個人的個性偏差。對自己的厭惡慢慢發展成一種自虐傾向，他需要把怨恨發洩出來。其表現形式一是虐待自己，再就是發洩在他人身上——對別人進行虐待，以解心頭之恨。

四、缺乏尊重對方性喜好和性權利的意識。許多男人在性行為中帶有一些占有和征服慾的成分。這種心理基本上是正常的。因此，伴侶之間在性行為中需要的刺激形式和程度會有所不同。為了增加性趣，有些人在做愛過程中喜歡刺激性較強的方式和玩法，這本來是一個技巧問題，沒有什麼傷害性，完全可以透過溝通、理解和配合達成和諧。但是如果一方處理不當，單方不顧對方阻抗，在對方無法接受的情況下，強行使對方屈服，就造成了對對方的侵害。

整體來說，性虐待的真正病因和病理本質目前都還是不清楚的。不過可以明確的是，性虐待症患者需要得到心理醫生的專門指導。精神分析療法和認知療法對性虐待症患者的治療具有一定的效果。

應當特別指出，在正常成年人的性生活中，有時在達到性高潮時，雙方都可以出現輕度打罵、掐、咬等行為，如果沒有過重的傷害而且不是靠這些行為喚起性興奮，是不屬於性虐待症的，我們切勿草木皆兵。

健康，從心開始

心理和身體有著玄妙又密切的關係

他的一系列軀體症狀都來自他在工作中產生的不快
健康的心理和健康的身體相輔相成

本篇諮商師　王中平先生心理諮商師。

今年二月，我以一名心理醫生的身分參加了抗寒極限挑戰賽，在零下二十度的低溫下，赤身抗寒四小時三十分四十九秒，獲得男子組的冠軍。當時有記者好奇地採訪我：「王先生，您是不是有特異功能啊？」我說：「特異功能我是絕對沒有，但我的職業是心理醫生，我的研究方向是心理和身體的關係。根據我的研究，冷這種生理感受是和自卑、孤獨、失落等心理感受相關的，正是因為我能克服這種心理，所以我的抗寒能力比一般人要強，這並不奇怪——在我平時的工作實踐中，也發現有許多生理疾病，透過心理調整，可以取得很好的療效。」

李文江就是在電視裡看到這段採訪後抱著試試看的態度找到我的。

李文江自述：我吧，也沒有什麼大毛病，就是頭暈、頸椎痛、低頭和仰頭都很困難，快兩三年了，最近這段時間越來越厲害，去醫院做過好幾次檢查，也查不出原因來，醫生說是因為我長期伏案工作導致的——我是廣播電台的編導，經常要寫稿子什麼的。他們給我開了點藥，讓我加強運動，可是都沒有什麼效果。

那天在電視裡看見記者採訪您，王老師，說實話我不太相信您的話，但又想好歹試試吧，萬一能有效果呢？因為這些病雖然都不致命，但實在是很痛苦很麻煩。我主要是不太明白透過心理調整怎麼可以治病呢？這種方法有什麼科學根據嗎？

面對文江的疑問，我解釋說：「人的不同心情對身體會有不同的影響，這種影響是有規律可循的。中醫裡就有『恐傷腎』、『憂傷肺』、『喜傷心』、『驚傷膽』之類的理論——」「那我問你一個問題，」文江打斷了我的話，「現在『流感』傳染性很強，但是為什麼有些人被傳染上有些人沒有被傳染？既然人的疾病和心理有關係，你怎麼解釋這個問題？」

「這個問題問得好！」我笑了笑接著說，「現在很多人都說是否傳染『流感』和個人的抵抗力強弱有關係，事實上抵抗力的強弱就存在著心理原因，這種心理原因分為原發心理和繼發心理。舉個例子，肝炎的原發心理是憤怒、委屈等等，如果你有這種原發心理，又恰巧碰上了傳染源，你就很容易被傳染上，被傳染上以後，如果你很坦然、樂觀地面對，你就恢復得快，如果你很害怕、緊張，那就恢復得慢，甚至可能有生命危險。這種坦然、樂觀或者是害怕、緊張，就是繼發心理。現在很多專家勸告公眾要以平常心面對『流感』，切勿恐慌，是很有道理的。說起人的抵抗力，這是一個很綜合的概念，比如如果你沒有憤怒、委屈等心理，那你對肝炎的抵抗力可

能就很強，但你存在著其它的負面心理，你對這些負面心理容易引發的疾病就不一定有抵抗力。通常大家說一個人抵抗力強，就認為這個人對所有的疾病抵抗力都強，這種說法太籠統了。」

文江對我的講解將信將疑，又問：「道理上來講是這麼回事，那我的頸椎痛呢？和心理有什麼關係？」我進一步分析：「我猜，你在平時的生活和工作中大概是一個很倔很固執的人，遇事一條路走到底，不愛回頭；你看不起上司，心裡對他(她)很不服氣；而且你性情耿直，寧折不彎，痛恨那些見風轉舵、拍馬屁的人——是不是？那麼你的這些心理活動與性格特徵和你的頸椎痛、低頭和仰頭有障礙有什麼關係呢？想想看，無論是『回頭』、『低頭』還是『抬頭』，它們的活動點都在脖子上，要知道人有時候是用身體來滿足、平衡自己的心情的——你遇事不愛回頭，對上司的權威不肯低頭，你不認為上司是高高在上的，自然不願意仰頭看他(她)，於是你的身體為你找到了一個藉口，那就是：我無法回頭、低頭和仰頭，因為我頸椎痛，回頭、低頭和仰頭都有困難——你看我說得對不對？」我笑著問文江，他正瞪大著眼睛看著我，吃驚地說：「哎喲王老師，您不是有千里眼吧？怎麼我的情況您都了解呀？真的像您說的那樣，我正為和上司的關係煩惱呢！」

李文江自述：我現在在電台做節目編導，這個工作我很喜歡。從進公司的第一天起，我就在心裡暗暗下決心要做出一番成績來，別的我不敢說，單說我的敬業精神，台裡就找不出第二個人來。這一點從收聽率上也可以體現出來，我負責的那檔節目，收聽率在所有的節目中名列第二，名列第一的是新聞。

現在想想，就是因為我對節目太認真、太用心、太追求完美了，所以才會有那麼多麻煩。特別是我們主任，我都不知道怎麼說他才好，你說他什麼都不懂吧，畢竟在這行裡他也幹了十幾年，算一個前輩了，可是他做出來的那些事，讓你啼笑皆非。

舉個例子吧，前年，我們舉辦了一個旅遊文化節，因為我做的那檔節目主要面對的受眾群是普通大眾，所以我採訪了很多大眾對這次旅遊文化節的看法和感受，採訪效果特別好。但送審的時候，主管提出來要加兩段市長講話進去，你說我這節目本來挺有生活情趣的，如果加上兩段冠冕堂皇的市長講話，會是什麼感覺？全都毀了！我說什麼也不同意，和他解釋了半天，他就是要加，如果我是一個馬馬虎虎的人，可能也就妥協了，偏偏我又是一個將節目視作生命的人，怎麼可能眼睜睜地看著好端端的一檔節目被糟蹋了呢？最後我決定先斬後奏，我將主任的意見瞞住了，讓主持人還是按照原來的內容播出。節目播出以後，聽眾迴響特別好，但主管氣瘋了，他說從來沒見過我這麼膽大的，將我列入觀察對象，你說我憑什麼寫悔過書啊？我又沒做錯事！後來還是台長出面打了個圓場，讓我寫了份情況說明才算完事。

大概就是因為這麼個「過節」，也因為我不會巴結人，我們主管就處處和我過不去，每次開例會報選題的時候我都提心吊膽，只要是我報的選題，他總要挑一些毛病或者乾脆「腰斬」，氣死我了！最生氣的是今年的廣播節目評選，他說我選送的作品時間超時了不能參加，後來我一打聽，根本就沒有超時！真是小人！

說實話，他越是這樣，越讓我看不起，越讓我噁心，一看見他我就血流加速、頭腦發脹、渾身的肌肉緊張，所以除了迫不得已我盡量避免和他有接觸，當然這樣下去也不是個長久之計，畢竟他是我的主管，我和他的關係鬧僵了很多工作都不好開展。有時候我真想辭職算了，但是我非常喜歡我的工作，憑什麼要放棄呢？我一走不就中正他下懷嗎！

文江的經歷在年輕人當中很有代表性。現在的年輕人很多受過高等教育，他們理想遠大，對工作充滿熱情，一腔熱血往前衝，卻缺少「迂迴」和「讓步」的智慧與胸懷，結果路越走越窄，就像鑽進了牛角尖裡進不去出不來，弄得自己身心俱疲。我讓文江回家以後好好回憶，好好去體會自己的心靈，看看在過往的日子裡有哪些事情是讓自己內心不平靜、不舒服的？然後將這些事情寫下來帶給我——我將這種方法稱為「寫病法」。

文江第二次來的時候，帶給我整整三大張寫得密密麻麻的紙，上面大部分都是他和主管之間發生的不愉快的事情。我就一件一件的和他交流，幫助他拓寬思路，從各個角度去想問題。比如他一直耿耿於懷的主管讓他寫悔過書的事情，我對他說：「你想把工作做好，這是沒錯的，主任的出發點肯定也是和你一樣，試想想哪位主管希望自己手下的員工把工作搞砸？你們最初的分歧在於他讓你在節目裡加進市長的講話而你不同意，那你有沒有試過以一種請教、探討的姿態去和他溝通呢？如果他還是堅持，那你就聽他一次，這樣他會覺得你很尊重他，在你這裡他不需要證明自己作為主管的權威，下一次他可能就會聽你的了，畢竟你又不是只做這一期節目，以後展現自己才能的機會多的是，但都需要主管的支持呀，一次小小的讓步可以為自己今後的工作爭取更大的餘地和空間，是不是很划算？

另一方面，你有沒有從他那個角度去想想去體諒一下他的難處？你考慮的是節目，他作為主管要考慮的除了節目本身以外，還有許多節目以外的因素，他這樣要求當然有他的道理。再說他是主管，讓你服從是天經地義的，可是你不但固執己見，還擅自在節目裡播出，這就是大大的不應該了，沒有哪位長官可以容忍這一點，所以他讓你寫悔過書，你乖乖寫就是了，可是你不寫，硬和他頂，最後鬧得台長出面，這會讓主任覺得你是在拿台長壓他，他更受不了了。這件事情，從頭至尾你都覺得自己是對的，但人生的許多事情，不是簡單的對錯是非之分，更多的只是「過」和「不及」之分，想想這裡面你有多少地方做得太過，又有多少地方做得不夠？更大的責任是在你呀！退一萬步說，即使責任全不在你，你也沒有必要覺得自己受了天大的委屈，滿腹怨氣，何不以一種超然的態度將一切看淡、想開？執著是好的，但太過執著就是病態，要懂得在適當的時候開導自己：人生就是這樣的，豈能盡如人意？但求無愧於心。活得開心比什麼都強！」

我又說：「你說你看不起主任，心裡有這種感覺，勢必會在平時的言談舉止中帶出來，這是非常傷人的，主任會覺得他的尊嚴和威信受到了挑戰，你越是看不起他，他越是要用權來壓你，這樣惡性循環，他不痛快，你更不痛快！心裡老是不痛快，身體自然會受到影響。也許主任的專業水準的確沒有你高，但其它方面呢？比如交際能力、人生閱歷等等。多看看別人的長處，多讚美別人，多想想自己的弱點，多向別人示弱，這會讓別人心裡覺得舒服而且有安全感，別人就會對你很友善，願意支持你，這並不是放棄原則，更不是虛偽，而是為自己為他人創造了一個和諧輕鬆的人際環境，在這種環境裡工作起來，大家都心情舒暢。」

我的一番分析讓文江豁然開朗。下一次他來的時候，說自己頸椎的症狀已經明顯減輕了，雖然頸椎不疼了，但肩部的兩塊「斜方肌」不知怎麼又酸痛了起來。我告訴文江：「『斜方肌』並不是現在才開始痛的，只不過以前你的注意力都集中在頸椎上，現在頸椎的症狀減輕了，『斜方肌』的症狀就顯了出來。這也說明曾經占據你心靈的對主任的怨恨正在慢慢消除，其它方面的心理問題開始逐漸暴露。『斜方肌』酸痛對應的心理是你總是擔心工作做不完，著急。要解決這個問題很簡單，就是不要把工作當作一種壓力，而是當成一種鍛鍊自己造就自己的機會——其實同樣的事情，換一種心態去面對，一切就都不一樣了。」

在接下來的幾次心理諮商中，我繼續幫助文江全方位地梳理自己的心情，用平和的心境、寬容的態度和開闊的思路將不愉快的事一一想開，將各種壓力一一化解，將怨恨的人一一理解體諒，透過一段時間的心理調整，文江的頸椎和肩部的症狀已經基本消失，而且他說自己現在吃飯也多了睡覺也香了，身體感到前所未有的舒服，真是「無病一身輕」！

當然透過為數不多的幾次心理諮商，我不可能解決文江曾經經歷、或是將將要經歷的所有的心理困境，以及由這些心理困境所引起的身體上的種種不適，但我想，透過這幾次心理諮商，他會明白一個將讓他受益終生的道理，即：身體與心靈，病理與心理，存在著千絲萬縷的複雜而微妙的聯結，只有不斷地完善自己的心態調整自己的心理狀態，以一顆平靜的心去面對生活中的得失成敗、悲歡離合以及各種各樣的壓力與不公平，才有可能擁有一個具備綜合免疫力的好身體。

請相信：快樂、健康的人生——從心開始。

知識連結：心身症

心身症（Psychosomatic Disorder）專指那些心理社會因素和情緒因素，在疾病的發生和病程的演變過程中發揮主導作用，並呈現軀體症狀的軀體器官質性疾病。

一、心身症的分類：

◆內科心身症。包括：原發性高血壓、原發性低血糖、冠狀動脈硬化性心臟病、陣發性心動過速、胃潰瘍、十二指腸潰瘍、神經性嘔吐、神經性厭食症、潰瘍性結腸炎、過敏性結腸炎、支氣管哮喘、過度換氣綜合症、偏頭痛、肌緊張性頭痛、自主神經失調症、甲狀腺功能亢進、愛迪生氏症、甲狀腺功能亢進、甲狀腺功能低下、腦垂腺功能低下、糖尿病。

◆ 外科心身症。包括：全身性肌肉痛、書寫痙攣、外傷性精神官能症、陽痿、類風濕關節炎。

◆ 婦科心身症。包括：痛經、月經不調、經前期緊張綜合症、功能性子宮出血、功能性不孕症、性慾減退、更年期綜合症、心因性閉經。

◆ 兒科心身症：心因性發熱、站立性調節障礙、續發性臍絞痛、異食癖。

◆ 眼科心身症：原發性青光眼、中心性視網膜炎、眼肌疲勞、眼肌痙攣等。

◆ 口腔心身症：復發性慢性口腔潰瘍、顳下頜關節紊亂綜合症、特發性舌痛症等。

◆ 耳鼻喉科心身症：美尼爾氏綜合症、咽喉部異物感、耳鳴、暈車、口吃等。

◆ 皮膚科心身症：神經性皮炎、皮膚搔癢症、多汗症、慢性蕁麻疹、牛皮癬、濕疹、白癜風等。

◆ 其他與心理因素有關的疾病：癌症、肥胖症等。

二、心身症的預防：

心身症是心理因素和生物因素綜合作用的結果，因而心身症的預防也應同時兼顧心、身兩方面，心理社會因素大多需要相當長的時間作用才會引起心身症，故心身症的心理學預防應從早做起。

具體的預防工作包括：對那些心態上具有明顯弱點的人，例如有易暴怒、憂鬱、孤僻及多疑傾向者，應及早透過心理知道加強其健全個性的培養；對於那些有明顯行為的問題者，如吸菸、酗酒、多食、缺少運動等，應利用心理學技術知道其進行矯正；對於那些工作和生活環境裡存在明顯應激源的人，應及時幫助其進行適當的調整，以減少不必要的心理刺激；對於那些出現情緒危機的正常人，應及時幫助加以疏導。至於某些具有心身症遺傳傾向，如高血壓家族史，或已經有心身症的先兆現象，如血壓偏高等情況者，則更應該加強心理預防工作。

總之，心身症的心理社會方面的預防工作是多層次、多側面的，這其實也是心理衛生工作的重要內容。

三、**心身症的心理治療：**

心身症的心理治療在於透過影響、調整甚至改變病人的個性因素、情緒狀態、應對方式，幫助病人靠自我意識來調節身體系統的功能活動，使異常狀態的生理活動恢復到正常水準。

心身症的心理治療主要從心理干預、心理支持、行為矯正、美育療法等方面進行，心理干預即從客觀上幫助病人減輕或消除致病激源的影響，提高病人對應激的認知評價水準，強化病人的應對能力和適應能力；心理支持即透過與病人接觸交流，對他們的疑慮和問題耐心地解釋疏導，鼓勵、指導、幫助他們調整情緒，克服個性中的消極因素，樹立戰勝疾病的自信心，例如幫助病人回憶、再現曾經成功的經歷，強化內省能力，幫助病人了解自己的性格和情緒方面的弱點和不足，強化自我控制能力。行為矯正即幫助病人改變不良行為習慣，盡量減輕或消除由不良行為引起的生理反應對身體器官系統的危害和影響，幫助病人科學地安排生活、飲食、運動和適當的體力勞動，強化機體抵抗力。美育療法即經常組織病人看畫展、聽音樂會、欣賞大自然風景，使人類在美的沐浴下得到心身徹底放鬆，疏泄不良情緒。

自己的心結，只有自己能解

他在兩個女人之間左右為難
她守著一個心猿意馬的男人不願意放手
何去何從還得自己拿主意

本篇諮商師　鄭日昌先生為大學心理學系教授、博士生指導教授。

三月的一個上午，我在辦公室接到一個電話，怯生生的男聲：「請問您這裡可以做心理諮商嗎？」沒有等我回答，他又接著說：「我有個同事，感情上遇到了一些問題，很苦惱。」「可以啊，他要是願意的話我們可以約個時間聊聊。」我笑著說，於是我們在電話裡約好了時間，就在我要放下電話的那一瞬間，對方突然不好意思地笑了起來：「對不起，我騙了你，其實我就是那個人，我叫張揚。」

第二天下午，我看見了張揚——白襯衫、牛仔褲、略帶靦腆的神情，看起來像是一個初涉世事的大學生，我把這種感覺告訴了他，他立即搖搖頭：「其實我十八歲就來北部讀大學了，接著讀了研究所，畢業後在大學裡做了兩年助教，後來自己開了一家公關策劃公司。」他聳了聳肩膀，故作老成的樣子反倒讓我覺得他更像一個學生了。

張揚自述：經人介紹，我認識了應紅，第一次看見應紅是在她家裡，當時已經是下午兩三點了，我還沒有吃飯，她很自然地去廚房幫我煮了一碗麵，微笑著坐在我面前看著我吃，那種笑容給人的感覺，用一個詞來形容就是「如沐春風」，後來她看見我襯衫上有一個扣子快掉了，又找來針線幫我縫，記得她的臉當時離我很近，說實話那是我第一次和一位異性離得這麼近，但我心裡沒有緊張和激動，只是有一種溫暖和踏實的感覺，就像在母親身邊，是的，就像沐浴著母愛的光輝一樣——我從小生活在一個經濟拮据的家庭，母親勞於生計根本無暇顧及我，所以家庭的溫情一直是我非常缺乏、又非常嚮往的，而應紅恰恰能給我這種溫情。就這樣，在僅僅交往了兩個月以後，我和應紅就結婚了。婚後的生活應該算是幸福的吧，應紅將家裡的一切料理得井井有條，她對我也很體貼，像照顧孩子一樣將我照顧得無微不至。

有一天我很難得有一些空閒的時間，鬼使神差般地上網聊起天來——以前我一直是很不屑於做這種事的。就是透過這次聊天，我認識了「四月」，和「四月」聊天讓我感到非常新奇和興奮，她幾乎可以在任何話題、任何層面上和我並駕齊驅，我從未見過像她那樣的女人——聰明、幽默、靈慧又不乏柔情。從那以後我迷上了上網聊天，確切地說是迷上了和「四月」聊天，有哪一天不聊心裡就空蕩蕩的，甚至，我會把每天上網聊天當作對自己辛苦工作一天的最好犒賞。

隨著聊天的逐步深入，我和「四月」慢慢都知道了彼此的真實情況，我知道了她真實的名字叫「李曉婭」，是一家外商公司上班的白領，離異後帶著五歲的女兒獨自生活，比我大八歲……我們開始了長時間的在電話裡的交談，她成了我心中一份祕密的牽掛，我會隨時隨地想起她，比如刷牙的時候，開車的時候，跟員工開會的時候，我都會想：她現在在做什麼呢？

曉姬經常出差到北部，但我們誰也沒有提出來見見面——或許是因為我們都明白彼此之間有無法逾越的障礙，更明白一旦見了面也許情感的閘門就會轟然而開，一切會變得無法收拾，我第一次體會到了愛情的甜蜜與痛苦，還有那種想摧毀一切的衝動。那一年一月八號，我的生日，快下班的時候，我接到曉姬的電話，她興奮地說祝你生日快樂，你現在往窗子外面看看，那個站在廣場上穿著白大衣的女人就是我，我衝到窗子前探出身去，看見曉姬正握著手機向我揮手——她真的很漂亮。那個晚上，我帶曉姬去了賓館，我們做愛，很投入很盡興，彼此都有一種酣暢淋漓的感覺，我真的很奇怪，為什麼同樣是女人，應紅和曉姬給我的感覺會如此的不一樣。

我徹底地陷入與曉姬的愛情裡，一刻也不能忍受沒有她的日子，常常上午上著班，下午就買了張高鐵票到南部去看她，最多的時候我一個月花在車票上的錢就有幾萬元。同時，我一天比一天地不能面對應紅，她還是那樣一心一意地照顧我，每次我看著她那一臉滿足的笑容，心裡就特別不是滋味，我不得不編出各種謊話來欺騙她，這讓我感覺非常不好，覺得自己是一個非常猥瑣的男人，我常常做惡夢，夢見應紅割腕自殺了，血流了一地，我總是一身冷汗地驚醒過來……

一邊是我愛的女人，一邊是愛我的女人，如果您是我，您會怎麼辦呢？

「您說我該怎麼辦呢？」身為一名心理醫生，我曾經無數次地面對這樣的提問，問的人一臉的無助與無辜，像一隻迷路的羔羊，期望我能給他們指出一條路，但事實上我從未給任何人作過此類的指點，只因我明白世界上的許多問題，尤其是感情問題，都沒有一個絕對的標準答案，也因我個人的性格、價值觀、教育背景和成長歷程與前來做心理諮商的人並不一樣，所以我不可能以我的立場來為他們作出選擇，更不能以社會的道德標準與價值取向來對他們評頭論足——心理醫生不是引路人，他（她）更像是同行者，與人分享和共擔，教會人學會分析自我、了解自身，從而能找到一個適合自己的答案。

我問張揚：「對現在這段感情，你是想讓它慢慢淡化，或者是保持現狀，還是想進一步發展？」他脫口而出：「我當然是想離婚了，但我不知道怎麼和應紅說，她還什麼都不知道，老這樣欺騙她我覺得很內疚——我現在最煩的就是這個。」「那你覺得能瞞得住她嗎？你內心能承受得住內疚感的折磨嗎？如果不能，你妻子知道以後會是什麼反應？」張揚沉吟片刻，嘆了一口氣：「時間長了肯定瞞不住，遲早的事，我覺得如果我主動和她說了，她受到的傷害可能會小些，我自己的心理負擔也可以放下了，要不然我真的快崩潰了……」這次心理諮商的結果是張揚決定向應紅坦白，坦白後的結果一如他所料——應紅說什麼也不肯離婚。張揚另外租了房子搬了出去，應紅在家裡整日以淚洗面，她的狀態很讓張揚擔心，於是將我推薦給了她。

應紅在一個微雨的午後來找我，她是那種典型的家庭主婦，身材高大而豐滿，臉上的表情一如窗外陰鬱的天氣，她低著頭坐在我對面的椅子上，一直很不安地擺弄著手裡的傘柄。

應紅自述：過得好好的日子，我不明白他怎麼捨得將這個家毀掉，現在這個世界好像誰狠得下心、誰不道德、誰就厲害，我想不通。

對張揚我可以說做得無可挑剔，說出來你可能都不相信，因為我個子比他高，為了我們走在一起般配，我就把我的高跟鞋全部都送了人，再也沒穿過。我真的是很愛他的，而且我們一直都挺好的呀，他公司的人都說他是「模範丈夫」，他特別戀家，有時候談完公事都晚上八九點了，別人請他吃晚飯他都會推辭，一定要趕回家來和我一起吃。

他說和那個女人有說不完的話，和我卻沒話說，但是過日子嘛，日復一日年復一年，肯定會有沒話說的時候，而且人家會心甘情願和你過一輩子嗎？人家會任勞任怨地為你打理一切嗎？他怎麼也不想想！反正我現在說什麼他都聽不進去，鬼迷心竅似的……我跟他說：你不要逼我，逼急了我什麼都幹得出來，大不了大家同歸於盡，我倒不是嚇唬他，你說你那麼真心對待的人都會背叛你，活著還有什麼意思？

訴說的過程裡應紅的淚水不斷地往下淌，精神處於近乎歇斯底里的狀態，她不停地說著，我知道這些話連同不平和委屈，一定是她壓抑在心裡很久的，我一直溫和地看著她，用心傾聽，希望能夠透過我的眼神和語氣讓她明白：我願意聽她訴說，我能體會她的感受——我想這會讓她心裡舒服一些。

等應紅稍微平靜下來，我試圖幫助她整理一下自己混亂的情緒，我問她：「依你對張揚的了解，你認為他會堅持和你離婚嗎？如果他堅持和你離婚，你是不是就真的無法面對今後的人生了？」應紅想了想，告訴我：「我覺得我還是挺了解張揚的，別看他在社會上也有幾年了，其實一直生活在一個很單純的環境裡，所以在遇到誘惑時就沒有免疫力，我覺得他這次就是一時糊塗，早晚會明白的，我願意等他。」「既然你不想離婚，那麼你有沒有想過為什麼你們曾有過那麼好的時候，但後來卻讓別人有機可乘，這期間有沒有一些原因？」我又問她，「我也不明白呀，我自己也很納悶！」應紅一臉的茫然。

通常，在一場婚外情裡，受傷害的一方往往沉浸在自憐自傷的情緒裡無法自拔，他們始終不能跳出來對自己的婚姻作出理性的思考，應紅即是如此。我說：「這樣吧，我們來做個小實驗，你先平靜一下，深呼吸，然後閉上眼睛，把自己當成張揚，跟著我的敘述來感受感受。」應紅按照我說的閉上了眼睛，我根據張揚曾經描述他們家庭生活的片斷，用平緩的語氣開始了敘述：「今天，你與一家日本公司的生意遇到了一些麻煩，你很煩，這種煩和員工又不好說，偏偏你又沒什麼朋友，於是你想下班回家後和應紅說說。一到家，你往沙發上一躺，很希望應紅來問問你：『怎麼樣？今天工作還順利嗎？』但此刻她卻一直催促：『你看你一回家就往沙發上一躺，快起來，洗洗手準備吃飯！』你不情願地起來，心裡很納悶為什麼在應紅眼裡吃飯永遠是頭等大事。飯桌上本來是聊天的好時候，可應紅卻把電視打開了，她一邊瞄著電視裡的肥皂劇一邊不停地往你碗裡夾菜：『吃，吃，你愛吃的燉牛肉，怎麼不吃呀？特別為你做的。』吃完晚飯，應紅又忙著洗碗，收拾廚房，你到底忍不住了，倚在廚房的門框上說：『今天真煩，就是那家日本公司辦展覽的事，唉，這幫日本人真難搞——』『好好好，我最討厭日本人了，別和我提他們，你站在這裡幹嘛呀，快洗澡去，快去！』應紅打斷了你的話，你看著她忙碌的身影，看著這個整潔得沒有人氣的房子，有一種空蕩蕩的令人絕望的孤獨……」在我敘述的過程裡應紅的神情一變再變，最後她睜開眼睛，目光定定地落在書架的頂上，很久很久，她突然很放鬆地笑了，那是我在整個諮商過程裡第一次見到她的笑容，她起身握住我的手，認真地說：「鄭教授，我明白了，讓我回去試著改改看吧。」

這以後我再也沒見過應紅，倒是張揚經常來，對我傾訴著對李曉婭的癡迷和對離婚的渴望，他的狂熱暴露了他心理上的不成熟，但我時時刻刻提醒著自己：不要對他下判斷，也不能替他做決定，作為心理醫生，我信奉這樣一個原則：任何人的心裡都有各種結，能真正解開這些結的人只能是他（她）自己，在當事人艱難地尋求解脫的過程裡，心理醫生扮演的只是（也只能是）一個啟發者的角色。

對張揚，我只能給他提供一個傾訴的空間，並且幫助他從牛角尖裡鑽出來，能夠全面、發展地去看問題——這樣他才能明白在任何事情的走向上，其實是存在著很多種可能、很多個方向的。比如我會問他：你一旦離婚了，李曉婭是不是願意和你結婚？如果她願意和你結婚，你們之間年齡的差距會不會成為你們生活的障礙？即使現在不會，但十年以後呢？二十年以後呢？還有李曉婭的女兒會不會接受你？你們以後還要不要生孩子？如果你們不想生，你的父母會同意嗎——他們就你這麼一個兒子？等等。後來張揚告訴我，他曾經就結婚的事情問過李曉婭，但她一直沒有給他承諾。

事情發生戲劇性的轉折，是有一次張揚去看望李曉婭，在她臥室裡發現另外一個男人的襪子。張揚從一個愛的頂點迅速地登上一個恨的頂點，這一次受傷害的人成了他，他頻繁地打電話給我，如祥林嫂一般反覆表達著自己的憤怒，我告訴他：「這時候你就運用一下在書本上學了多少年的辯證法吧，世界上的事情總有利弊的兩面，同樣的人，他（她）有美好的一面，肯定也會有不那麼美好的一面，所以你大可不必為曾經的付出覺得不值得，也不必為自己的失去而痛苦。」

年底，張揚打電話告訴我他已經和應紅重歸於好，並且已搬回了家裡，而應紅正在積極復習，準備報考研究所。元旦，我分別收到張揚和應紅寄給我的賀卡，張揚寫的是：就讓我把過去的一切，當作一場已逝的夢吧，夢醒了，我會更珍惜家庭。應紅寫的是：我現在才明白，在兩個人的愛情園地裡，只有永不懈怠的耕耘，才會贏得滿園迎風盛放的花朵，從來就沒有永不凋謝的花朵，正如從來就沒有一勞永逸的婚姻。

事情到這裡似乎是皆大歡喜，但我深知：生活總是起伏著向前，每一個平緩處都暗藏著突變的潛流，因而危機無處不在，不過這並不重要，重要的是這兩個人經過這一場感情的變故，彼此在心理上都獲得了成長——這將有利於他們更好地去面對今後生活中出現的各種問題。

知識連結：婚外情的心理誘因及應對方式

發生婚外情的心理原因，主要有這麼幾種：

一、志趣不一，欲覓知音。
二、感情不知，需求補償。
三、生活寂寞，尋求慰藉。
四、喜新厭舊，尋找刺激。
五、性生活不和諧，另尋新歡。
六、知恩圖報，以身相許。

一旦婚姻中對方發生婚外情，我們又該如何正確應對呢？

一、處理情緒

知道對方出軌，或者疑似出軌後，假如不想做出令自己後悔遺憾的決定，就請記得：先處理情緒，在處理問題，可以嘗試把你的感受向伴侶或朋友傾訴。

二、重新定義關係

當你情緒足夠的接納和寬容後，再花一些時間處理與伴侶之間的關係。假如出軌事件使你感到震驚的話，那麼說明你在此之前並沒有真正了解你們之間的關係。出軌事件正好給了你們一個重新定義關係的機會——你們也許彼此相愛，但你們的相處模式除了問題；你們也許渴望永恆，但你們並沒有為愛盡到責任。

三、認清目前的處境

當你的另一半有小三之後，是否讓你們之間的關係繼續，取決於雙方是否還有共同的目的地。在你還不能為自己做出決定之前，可以先了解一下對方的決定，他（她）是打算放棄你們的關係呢，還是企盼著悔過自新？你們的關係在這場事故之後，發生了哪些變化呢？

四、為自己做決定

出軌事件常常將我們置於兩難的選擇境地，而事實上，選擇無所謂對錯，關鍵在於它是否與我們內心的需求一致。問問自己：責難或者原諒、結束或者繼續，哪個選擇更接近你想要的生活？做了選擇之後，你將會得到和失去的分別是什麼？有哪些風險使你必須要考慮的？你為這些風險做好了承受的準備了嗎？做決定的時間，最需要排除的想法是「不能便宜了他（她）」，因為這說明你並不是為自己在做決定，而是想透過懲罰自己來懲罰對方。

五、重整旗鼓

如果選擇結束，那麼意味著你的人生中又多了一個「負性事件」，關係的斷裂勢必會引起情緒的波動，但如果你遲遲走不出來，就要檢查一下自己：是不是想借此逃避面對未來？如果選擇繼續，而且對方恰好也有同樣的願望，那你們又獲得了一次重修愛情學分的機會，為了避免事故再次發生，你和對方必須要做的幾件事情是：回復信任，重新相處，創造婚姻生活的新內容以及豐富自我。

你也是天使

她工作出色卻覺得自己很失敗
自卑感讓她的生活陷入困境
動作具有影響和改變心態的能力

本篇諮商師　伏羲玉蘭女士為加拿大心理治療師，美國舞動治療協會高級治療師、督導和專業顧問。

秋日午後的陽光，透過玻璃窗，安靜而體貼地裹住了坐在我對面的衛靚，而她，似乎不太適應這件「陽光外衣」，很不安的樣子，一下抓抓頭髮一下扯扯衣袖，整個表述也因此斷斷續續、語焉不詳。

我不得不打斷她，開門見山地問：「我想你來找我，一定不是只想和我說這樣一些無關痛癢的事情，你真正想和我說的是什麼？」衛靚的臉上飛快地掠過一片緋紅，不過她迅速調整了自己，潤了潤嘴唇清了清嗓子，然後像下了很大決心似的，抬頭接住我探詢的目光。

衛靚自述：我也不知道該說些什麼，才能準確地表達出我的心境。我就是覺得自己是個很失敗的人，真的很失敗。父母不喜歡，同事不喜歡，從來沒有人喜歡過我，你看我已經二十六歲了，還沒有正經談過一次戀愛。

我常常覺得自己心裡空蕩蕩的，整天在那裡飄呀飄，老是覺得不踏實，特別是在夜裡睡不著的時候，想東想西的，覺得自己很孤獨，未來很可怕，一切都沒有希望……

衛靚的神情裡有著難以言說的落寞。透過她事先給我介紹的個人背景，我知道她從小品學兼優，高中時被保送進入一所著名的國立大學，畢業後進入一家在業內享有盛譽的公關企劃公司，迅速升至現在的總經理助理位置——這並不是一份誰都可以得到的履歷，而這份履歷的主人卻說：我很失敗。

我問衛靚：「那現在最困擾你的問題是什麼？」

衛靚自述：應該是感情問題吧，我都二十六了，還沒有談過戀愛，說出來可能別人都還以為我有病。

像我們公司裡的那些女孩子，都有男朋友了，聚在一起就是說男友如何如何，我都插不上嘴，說實話和她們在一起時我覺得自己的心境十分蒼老，好像已經沒有女孩子那種天真、溫柔與感性了，你說我這樣的人，怎麼會有男人來愛呢？

以前，上大學的時候，曾經有一個男生寫過情書給我，非常帥非常優秀的一位男生，我看他寫給我的那些東西，沒有喜悅，只有惱怒，因為我直覺上認為像他那樣的男生是根本不可能喜歡我的，他給寫情書我，是想捉弄我，是想看我的笑話，所以我特別生氣，覺得自尊心受到很大的傷害。有一次我當著許多同學的面，將那些情書丟到他的面前說：「請你以後不要再玩這種把戲了！」搞得他很窘。不久以後他就有了一個女朋友，一個漂亮可愛的女生，他這麼快就有女朋友讓我覺得當初的判斷是正確的，所以更加憎恨他，整個大學期間我和他都像仇人一樣。

後來有一次，我聽見宿舍裡的女生在宿舍裡悄悄議論這件事，說我簡直是個不知好歹的白蓮花，即使清高也不至於這樣，讓別人下不來台。她們都說我清高，其實我哪裡是清高呀！我都不知道怎麼羨慕她們！可是我不知道該怎樣向她們解釋，我好像天生就不會表達似的，索性什麼也不說了。大學時和同學之間的相處是不愉快的，那是沒有任何歡樂可言的四年。

畢業以後順利進入了現在這家公司，我把所有的精力都放在了工作上，業績有目共睹。但是這種工作上的成績沒有給我帶來任何快樂，我的心是空的，一個空心的人怎麼會有快樂？

也是在這家公司，我遇到了第二個追求我的男孩，很陽光很開朗的那種，年齡比我小，而且還是我的下屬，我更覺得他是假的，也許是出於什麼目的呢？所以一直對他很冷漠。可是他很執著，利用一切機會向我表白他的愛慕，他越是這樣，我越是覺得他是假的，這件事對我造成很大的困擾。後來我向公司領主管反映了這件事，並且提出辭職。主管當然是不會放我走的，為了安撫我，就將那個男孩子調往公司在另一個城市的分部。這件事在公司裡也鬧得沸沸揚揚，大家都說：「區區小事！居然弄到老闆那裡去！這個女人不好惹！」

所以在公司裡，我也是孤獨的……

透過衛靚的敘述，我發現一個很嚴重的問題，即：她對自我完全沒有認同感，她不能肯定自己，自然不能肯定別人。她早已認定自己是不可愛的，是不會被人喜歡的，所以，當有人喜歡她時，她認定那不可能是真的，於是想方設法用各種過激的手段來傷害對方，將對方逼退，似乎她所做的一切只是為了最終證明對方對她的喜歡是假的，然後陷入更深的痛苦和自卑——她這樣傷害著自己，也傷害著別人，折磨著自己，也折磨著別人。最可悲的是她對自己存在的心理問題竟然渾然不知！長此以往，她將錯過多少愛自己的人，失去多少人生的機會！

那麼究竟是什麼，造成衛靚的自卑和偏激呢？我很自然地問到她的家庭情況。

衛靚自述：我和父母的關係，應該還說得過去——無愛也無恨，平平淡淡吧。

我媽媽是一家大商場的經理，是那種典型的女強人，工作能力非常出色。可能就是因為這種出色吧，使得她無論遇到什麼事情總覺得自己是站在真理的一邊的，容不得別人有一丁點不同的意見。從小到大，我的學習、工作甚至穿衣打扮都是她一口說了算。記得我讀國中的時候，學校裡的女生都時興將頭髮散開，然後在前面梳一個歪歪的小辮子，顯得特別俏皮。我也跟風梳了這樣一個髮型，覺得自己特別美。後來被我媽媽看見

了，她不由分說就將我拉到髮廊剃了一個男孩子一樣的短髮，還警告我：「我沈家培的女兒，就不准弄這些妖裡妖氣的花樣！」直到現在我還是梳著那樣的短髮。

「我沈家培的女兒」，是我媽媽的口頭禪，她說這句話的時候，是很高人一等的口氣，似乎她的女兒，永遠都是聽話的，是出類拔萃的，是別人家的小孩沒法比的。不過，我的確也是按照她給我安排的路走過來的，而且走得不錯，這讓我媽媽很得意，更覺得自己了不起。

我爸爸一直身體不太好，肝有問題，很早就因病在家沒工作，平時在家裡喝喝茶、侍弄花草和幾隻鴿子，要不就出去找人下棋，一下就下半天。家裡和我的事情他一概不問，他的口頭禪是：「你問你媽去！」家裡出了什麼事，我媽有時候埋怨他幾句，他就說：「家裡的事不都是你決定的嘛，我從來沒有插手過，怎麼能怪我呢！」弄得我媽一點辦法都沒有。他只沉浸在自己的世界裡，當心地調養自己的身體……

衛靚在講述與父母的關係時，神情一直很平靜，甚至有些漠然。然而，我卻聽出了一些也許她自己都沒有覺察到的委屈和怨恨。

在衛靚的家庭裡，母親真正愛的並不是女兒，而是自己的面子，她愛的是能讓她有面子的女兒，這種愛是有條件的。而且她很強勢，很有控制欲，她只懂得命令，卻不懂得怎樣真正去理解、支持孩子，在這種家庭環境中，衛靚是壓抑的。再說父親，父親表面上是弱者，事實上他是利用弱者的身分來逃避自己作為丈夫和父親的責任，也是利用這個弱者的身分來控制母親——你不能惹我生氣，你不能讓我負責任，因為我是病人啊！他以弱者的身分來保護自己，他真正在意的人是他自己。

於是在這個家庭裡，父親不像父親，母親不像母親，又怎麼可能會有一個心理健康的孩子？難怪衛靚會覺得自己不可愛、不被需要、心靈上沒有歸宿感了！

我常常開玩笑說，應該讓那些準備做父母的人去考取父母執照！這個世界上有多少種人，就有多少種父母，並不是所有的人都適合做父母的。一對合格的父母，最起碼應具備兩點，一是責任心，二是盡己所能去學習怎樣做父母，包括向孩子學習。並且能夠給孩子雙向的培養，即：能剛能柔，能進能退，能快能慢。

而不合格的父母，不僅會給自己所創造的這個生命造成痛苦，還會給這個生命將來所要參與的一切人和事帶來不好的影響，這是一種惡性的連鎖效應。

然而即便如此，我依然對衛靚說：「父母對個人的成長是重要的，但是個人的力量更重要。

成年之前，你可以怨恨父母，但成年之後，你要對自己負起責任。在這個世界上，誰不是跌跌撞撞走過來的呢？過去的創傷，就權且當作一個學習成長的機會吧。」

在每一次的交流過程中，我用心閱讀著衛靚的每一個動作。我深信一個人的動作會反映出一個人真實的心態。比如衛靚，她和人交流的時候，眼神游移不定，小動作特別多，這說明她不夠自信；她坐著的時候，整個人是縮著的，脖子和腰不夠挺拔，這說明她壓抑；而且她身體發緊，這說明她心裡膽怯，但又想接觸、掌控外界，所以心裡在拉鋸，連帶著身體也僵硬起來……我讓衛靚透過動作去體驗一下自己的狀態——讓她伸出手，她說自己的手是「有氣無力的」；讓她閉上眼睛，伸出手感受一下周圍的空間，她說「空蕩蕩的，什麼也沒有，心裡發慌」，並且這個空間是「不友善的」……這一切都表明自幼那個沒有關愛、肯定和支持的家庭環境對衛靚所產生的不良影響。

同樣，動作也具有影響和改變心態的能力。針對衛靚的壓抑，我教她深吸一口氣，然後緩緩伸出、張開雙臂，張開得越大越好，在這過程中，徐徐往外吐氣，用心體驗那種放下、放鬆的感覺。

針對她身體發緊的情況，我讓她坐在沙發上，轉臉分別向左右兩邊看，將脖子和身體盡可能伸長，目光看得越遠越好，看到天邊——這個動作有助於身體的打開、舒展。

針對她的自卑、缺乏自我認同感的問題，我著重鍛鍊她腳部的力量感，我讓她跟著我一起踏著音樂的節拍，將身體的重心往下、往下，讓腳部的力量出來，再越來越用力，讓她好好體驗這種「生根」的、「腳踏大地」的感覺。一個腳部有力量的人內心才會有力量——很難想像一個走路輕飄飄的人還可以自信地昂首挺胸。

最後要解決的是衛靚人際關係緊張的問題。要建立良好的人際關係，最重要的是溝通和表達，而衛靚的家庭裡，沒有溝通，也沒有表達的機會，久而久之，她就喪失了溝通和表達的能力——要麼不說話，要麼言不達意，要麼一句話把人惹火了。我首先幫助衛靚訓練控制發聲，讓她發一個聲音，先發在嘴裡，再打到對面的牆，然後傳到遠方，這樣反覆練習，逐漸掌握控制聲音遠、近的能力，這樣她在需要用的時候就能用得出來。

其次，我建議她去參加「一日遊」的旅遊團。第一次，我給她的任務是和團裡的每一個人都要說過話，不管說什麼；第二次，要求她打聽到每一個人的個人資料，越全面越好；第三次，讓她想辦法讓每一個人都喜歡自己；第四次，讓她在讓每一個人都高興的同時，自己也不覺得委屈——很多人都覺得在人際交往中，讓別人高興自己就一定委屈，讓別人贏自己就一定會輸，事實上一個真正和諧、健康的人際關係，應該是雙方都得益並感到舒服的。

這樣一次一次逐步練習，慢慢地，衛靚就會摸索出一套適合自己的與人溝通、相處的技巧出來。當她掌握了這種技巧，她就能夠游刃有餘地與人相處，並且在這種相處中獲得快樂、溫暖和安全感。

經過了大約四個月的心理治療以後，衛靚迎來了自己二十七歲的生日，她為此舉辦了一個盛大的生日PARTY，邀請了她公司裡的所有同事，那個晚上她穿著一襲喜氣洋洋的紅裙子，與每一位同事喝酒寒暄、笑意盎然，很有些「重新做人」的意思。只是，在一位同事拿著麥克風當眾對自己的女友表白「你是我的天使」時，我看見衛靚的臉上，有一絲淡淡的黯然掠過。

那天衛靚還特地準備了一個漂亮的小本子，讓每一個人在上面寫上想對她說的話。我想了想，寫的是：「當愛情再次經過的時候，別讓它擦肩而過，別忘了——你也是天使。」

知識連結：自卑心理

自卑心理是指對自己的智力、能力、生理特點或社會地位等作出過低評價所產生的心理感受，又稱自我否定意識。

自卑心理的矯正，要從以下幾個方面入手：

一、滿足自己層次較低的心理需求

不要凡事都克制自己，不要總是用理智解決問題，在無關緊要的小時面前，要學會放縱，學會釋懷，學會滿足自己感情的需求。喜歡一件衣服、一本書、一盆花、想做一次郊遊等，可以適當予以滿足。

二、有意識地尋找鼓勵、表揚、支持、有意識地創設成功情境

自信＝表揚＋成功。在家庭中，在學校裡，在任何一個集體環境中，透過自身的努力和表現，收穫賞識和尊重，滿足自己的自尊需求，逐步減輕自尊心理。在生活、學習、工作甚至遊戲中，發揮自己的優勢和特長，努力收穫成功，讓一次次小小的成功，癒合自卑的心理創傷，滋養尊嚴和自信。

三、重新評價自己

自信的人並非優點大於缺點，而是容易看到自己的優點，自卑的人並非不如別人，而是習慣於放大自己的缺點，經常獨自品嘗自己的缺點。請要好的朋友替自己列舉優點和缺點，並認真分析、梳理，你會發現自己的很多優點被自己忽略了、否定了，而很多缺點並不存在，或者遠沒有自己想像的那麼明顯。

四、廣泛交往，建立友情系統

長期的自卑往往會形成孤僻、內向和膽怯的性格，而這種性格又會反過來助長自卑心理。廣泛交往能夠打開狹小、封閉的內心世界，接受外部世界的陽光雨露，可以淡化自卑心理，喚起人的自信。

五、尋找新的愛好，改變固有習慣

屈從於他人意願和一些刻板的行為習慣，是缺乏自信者的特點，以至於他們誤以為自己生來就喜歡某些東西，而不喜歡另一些東西。應該意識到，你之所以每天都在重複自己，是由於又害怕變化和自我封閉養成的習慣，如果能夠嘗試一些原來不喜歡做的事情，嘗試改變自己的某些行為習慣，你會有一種全新的感受，從而激勵自己實現自我的改變。

六、正確對待失敗

自卑者往往習慣於失敗內歸因，成功外歸因。嘗試從成功中尋找內因，從失敗中尋找外因，學會自我認可，自我賞識，自我激勵。

七、積極嘗試，捕捉機遇

缺乏自信的人相應地缺乏安全感，凡事希望保險。然而人的一生是根本無法計劃的，有許多偶然的因素在發揮作用，有條有理，按部就班並不能給人帶來幸福，希望的火花往往是在偶然的機遇和直觀感覺中迸發出來的，只有欣賞並捕捉這些轉瞬即逝的火花，生活才會變得生機勃勃，富有活力。

八、進行積極的自我暗示、自我激勵

人的很多心理障礙都是由失真的自我想像和偏激的心理暗示造成的，自卑者常常進行否定的、消極的自我暗示，所以，肯定的、積極的心理暗示是矯正自卑、培植自信的最直接的措施。告訴自己：「我可以」，「我很出色」，「我有很多優點」……當有一天，面對積極的自我暗示你能夠挺胸坦然接受的時候，你已經掙脫了自卑的桎梏。

九、改變觀念，提高認識

這其中包括：

對相貌的再認識。相貌在一生的成就中所起的作用是及其次要的，即使是在和異性交往中，感情的維繫也是靠性格和情商，而不是相貌。

對智商、能力的再認識。人的智商、能力是很難從幾件事情上加以評判的，即使真的在某些方面比別人差，也不能說明你在各方面都比別人差。

對家庭狀況的再認識。家境不好並非完全是壞事，它可以激發人的鬥志，磨礪人的意志，因為家境不好而自卑，完全是只看到起弊端，而看不到有利的一面。

對失敗和挫折的再認識。挫折時人成長過程中的重要營養，挫折經歷是一種寶貴的精神財富，所以，我們要具備從挫折中崛起，跌倒後爬起來的心理能力，要告訴自己：任何一種打擊，只要不曾把我擊垮，就會使我更強大！

宛如打開另一扇窗（代後記）

現在重新閱讀、修改、補充這本書裡的文稿，仍能清晰回憶起那些辛苦而興奮的採訪過程。

我記得那次在醫院採訪劉軍醫師，到他的辦公室要經過精神病患者「放風」的大廳，我故作鎮定、目不斜視地走在那些精神病患者中間，他們好奇地看著我冷笑，說著誰也聽不懂的語言。我穿過大廳，走進劉醫師的辦公室，汗水已濕透後背……

我記得那次在醫院採訪郭蓄芳醫師，結束時大概已是深夜十一點多，我獨自走在病房前那條沒有路燈的小路上，兩邊都是黑壓壓的樹木，因為害怕，我越跑越快，到最後飛奔起來，結果一跤重重摔在石子路上，兩個膝蓋全破了……

即便如此，我還是那麼著迷於這一次次採訪，深深沉溺其中。

已不記得多少次，我跟隨心理專家的敘述，糾結、焦灼、痛苦、喜悅、放鬆或者驚心動魄……種種情緒給內心造成的巨大的衝擊波，往往在採訪幾天之後，仍然異常澎湃。

這一次次投入的採訪，宛如在我面前打開了另一扇窗，讓我看見人的脆弱與糾結，人性的複雜與多元，成長的艱難與孤單；讓我對於和自己一樣生存於世的芸芸眾生，多了一些悲憫、體諒和溫柔的情懷。

而曾經，我是一個崇尚愛憎分明、非黑即白的人。

這樣的改變，是我最大的收穫。

沒有人是不可以原諒的啊，現在，我由衷地這麼想。

感謝賈曉明教授為本書作序。

感謝受訪的十九位心理專家。

此外，要特別感謝那些願意將自己的痛苦經歷與更多人分享的當事人，我們未曾謀面，今後大概也沒有機會，但我想對你們說：人生是一場五味雜陳的盛宴，從落座到離席，一撥又一撥的人，來了又去，去了又來，流水一般，而在這流水一般的穿梭裡，我確信，我就在你們中間，而你們，就在我身邊。

擁抱你們每一位！

官網

國家圖書館出版品預行編目資料

他病了，只是你看不出來：走入 21 名精神病患傷痕累累的內心世界 / 卡瑪 編著 . -- 第一版 . -- 台北市：清文華泉 , 2020.12
面； 公分
ISBN 978-986-5552-54-1(平裝)

1. 心理治療 2. 心理諮商 3. 精神病患
178.8　　109019274

他病了，只是你看不出來：走入 21 名精神病患傷痕累累的內心世界

作　　者：卡瑪 編著
編　　輯：簡敬容
發 行 人：黃振庭
出 版 者：清文華泉事業有限公司
發 行 者：清文華泉事業有限公司
E-mail：sonbookservice@gmail.com
粉 絲 頁：https://www.facebook.com/sonbookss/
網　　址：https://sonbook.net/
地　　址：台北市中正區重慶南路一段六十一號八樓 815 室
Rm. 815, 8F., No.61, Sec. 1, Chongqing S. Rd., Zhongzheng Dist., Taipei City 100, Taiwan (R.O.C)
電　　話：(02)2370-3310　　傳　　真：(02) 2388-1990
印　　刷：京峯彩色印刷有限公司（京峰數位）

定　　價：320 元
發行日期：2020 年 12 月第一版

臉書　　蝦皮賣場